Ich bin da 1/2

Religionslehre in der Grundschule

von

Judith Bulla

Wolfgang Gies

Peter Ueter

Ernst Klett Verlag

Stuttgart · Leipzig

So arbeitest du mit Ich bin da

Jedes Kapitel besteht aus sechs Prozess-Schritten.

Im 1. Prozess-Schritt 👁 **sehen + entdecken** machst du Beobachtungen.

Im 2. Prozess-Schritt **❓ fragen + finden** kannst du Fragen dazu stellen.

Im 3. Prozess-Schritt **👂 hören + sagen** erfährst du, wie andere darüber denken.

Im 4. Prozess-Schritt ♡ **träumen + trauen**
ist deine Fantasie gefragt.

Im 5. Prozess-Schritt ❗ **glauben + (be)kennen**
kommst du zu deiner eigenen Meinung.

Im 6. Prozess-Schritt 🖐 **leben + gestalten**
gestaltest du etwas zum Thema.

Ein Pfeil ⟿ neben der Aufgabe soll dich zum weiteren
Nachdenken anregen.

Inhalt

1 ICH bin ICH

Mich gibt es nur einmal

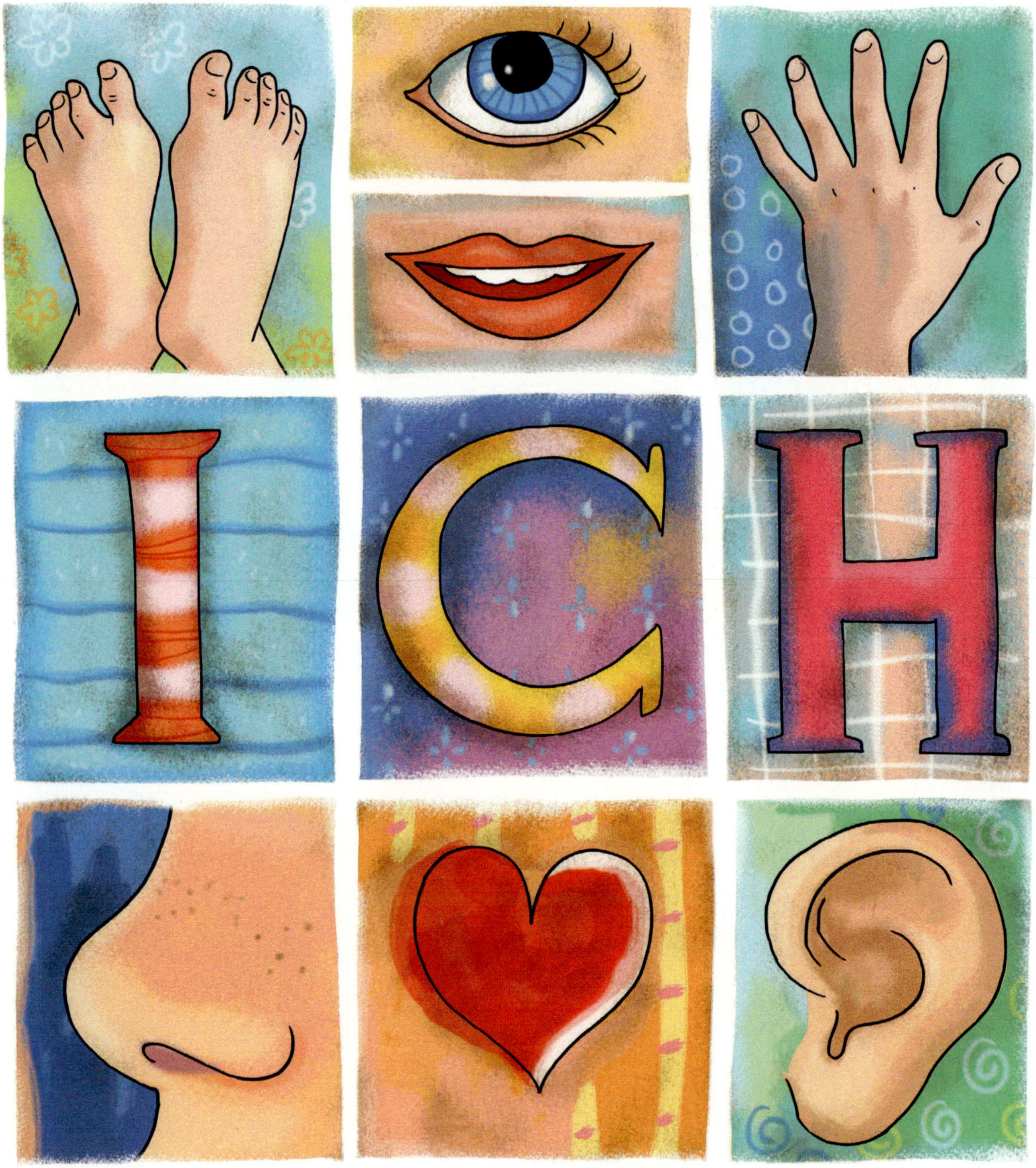

 Ich kann so viel sehen und entdecken.

Und wer bist du?

? Ich habe viele Fragen und suche nach Antworten.

Wir suchen einen Schatz!

Der größte Schatz der Welt!

Geht einzeln zur Schatztruhe!
Siehst du den Schatz?

Pst! Sag nicht, was du siehst.

Hast du den Schatz entdeckt?

Was in mir steckt

Manchmal bin ich froh.
Dann lache ich.

Manchmal bin ich traurig.
Dann muss ich weinen.

♡ Ich habe viel Fantasie und träume gern.

9

In guten Händen

❗Ich kann glauben und vertrauen.

Ich mache gerne mit

Text: Rolf Krenzer
Musik: Ludger Edelkötter

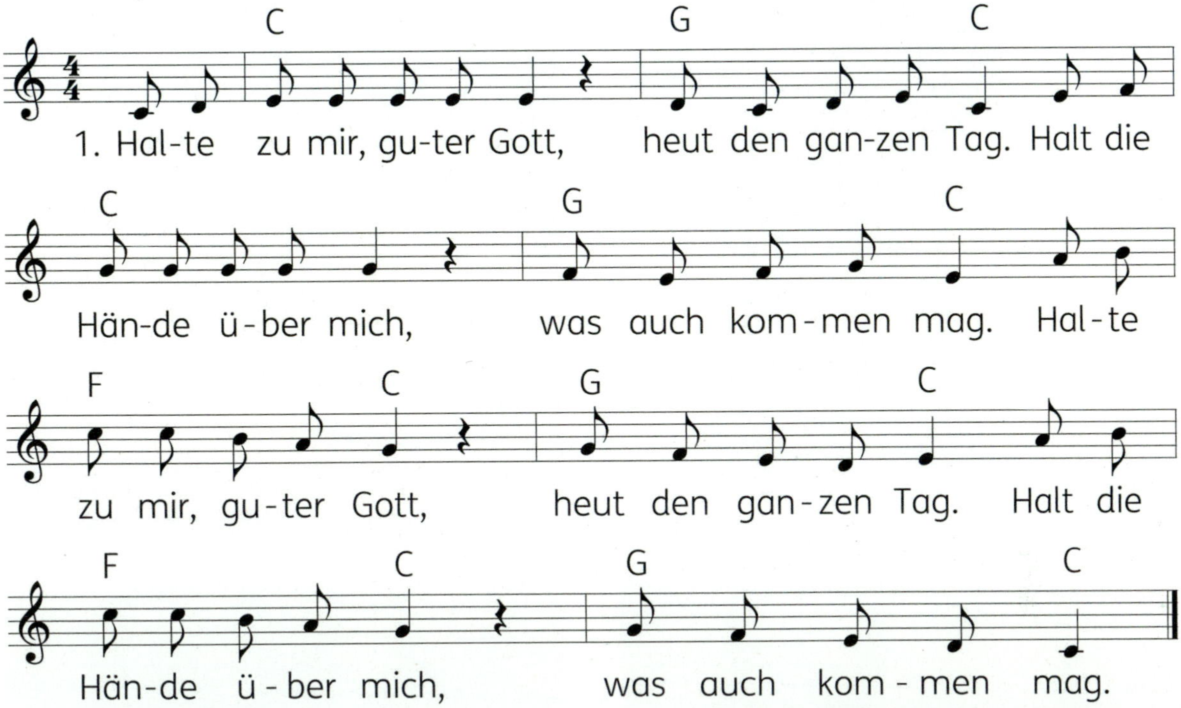

1. Hal-te zu mir, gu-ter Gott, heut den gan-zen Tag. Halt die
Hän-de ü-ber mich, was auch kom-men mag. Hal-te
zu mir, gu-ter Gott, heut den gan-zen Tag. Halt die
Hän-de ü-ber mich, was auch kom-men mag.

2. Du bist jederzeit bei mir.
Wo ich geh und steh,
spür ich, wenn ich leise bin,
dich in meiner Näh'.

3. Gibt es Ärger oder Streit und
noch mehr Verdruss, weiß ich
doch, du bist nicht weit, wenn
ich weinen muss.

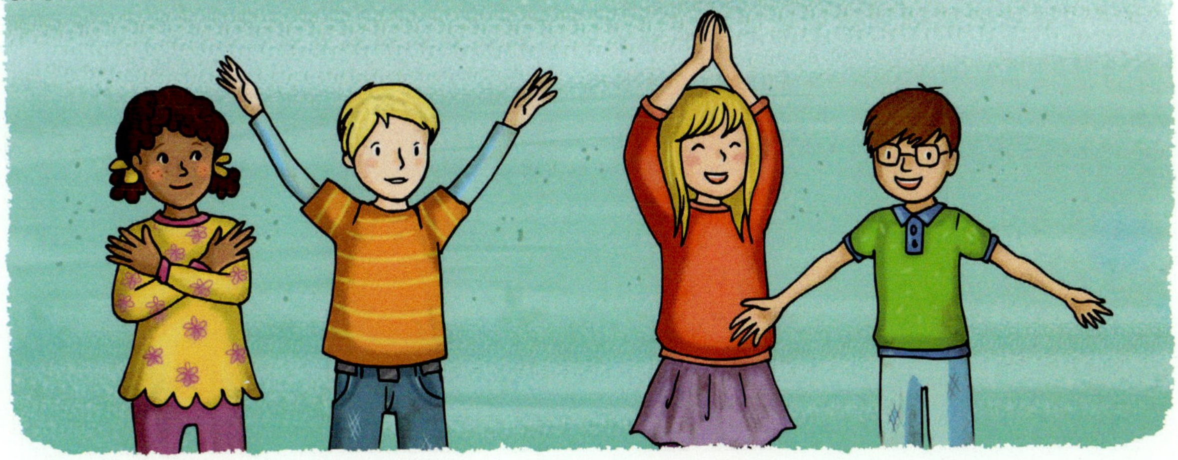

Ich kann mein Leben gestalten.

2 Gott suchen

👁 Was kannst du erfühlen?

Mutter, sag doch

Mutter, sag doch: Gott, der Herr,
– Ich möchte es wissen, das ist so schwer –
Ist er ein Geist, eine Pflanze, ein Tier?
Ist er ein König und zeigst du ihn mir?

Mutter, sag doch: Wohnt Gott im Himmel?
Ist dort ein schreckliches Engel-Gewimmel?
Hat er ein Haus, ein Bett und ein Kissen?
Muss er auch essen? Das möchte ich wissen!

Mutter, sag doch: Was macht Gott heute?
Kennt er wirklich alle Leute?
Ich möchte wissen: Sieht er durch Wände?
Hat er Augen und Ohren, hat er Hände?

Regine Schindler

? Was möchtest du über Gott wissen?

Bilder erzählen von Gott

3 Gott ist für mich wie ...

 Was ist dein Lieblingsort?

Ein guter Hirte

Der Herr ist mein Hirte.
Nichts wird mir fehlen.

Er lässt mich lagern
auf grünen Auen
und führt mich
zum Ruheplatz am Wasser.

aus Psalm 23

! Was erzählt Psalm 23 dir von Gott?

Bist du ein Haus?

Text: Reinhard Bäcker
Musik: Detlev Jöcker

Bist du ein Haus aus di-cken Stei-nen mit Fens-ter_

und mit ei-nem Dach? Gibst du den Gro-ßen und den

Klei-nen stets ein Zu-hau-se Tag und Nacht? Nacht?

Refrain:

Mein Gott!
Ich kann dich gar
nicht sehen, und
doch sagst du:
Ich bin bei dir!
Mein Gott!
Wie soll ich das
verstehen?
Ich bitte dich:
Komm, zeig es mir!

 Was erzählt das Lied von Gott?

3 Ich – du – wir

Wann fühlst du dich gut?

Ich gehöre dazu

? Wie kannst du am besten mit anderen zusammen lernen?

Wir sprechen miteinander

3 Was ist dir im Gespräch mit anderen wichtig?

Wir gehören zusammen

Wie ist Gemeinschaft für dich?

Wir sind Christen

Jesus sagt:

Wo zwei oder drei

in meinem Namen

versammelt sind,

da bin ich

mitten unter ihnen.

nach Matthäus 18,20

! Was heißt es, Christ zu sein?

Wir im Religionsunterricht

Text: Rolf Krenzer
Melodie: Ludger Edelkötter

1. Ich bin so gern bei dir! Ich bin so gern bei dir!

Drum ge-he ich jetzt auf dich zu, dann bist du nah bei mir,

dann bist du nah bei mir.

2. Ich geb dir meine Hand.
Ich geb dir meine Hand.
Und wenn wir zwei zusammen stehn, dann sind wir gleich bekannt, dann sind wir gleich bekannt.

3. Ich geb dir meinen Arm.
Ich geb dir meinen Arm.
Und wenn wir zwei zusammen stehn, dann wird es mir ganz warm, dann wird es mir ganz warm.

Was gehört für dich zum Religionsunterricht?

4 Sehen lernen

Woran lässt dich das Bild denken?

Die heilige Flamme

Da ist ein Mann, der hat davon gehört, dass an einem fernen Ort eine heilige Flamme brennt. Er macht sich auf, um dieses Licht zu sich nach Hause zu tragen. Er denkt sich: Wenn du dieses Licht hast, dann hast du das Leben, das Glück.

Nun ist er auf dem Heimweg. Seine Sorge ist, dass die Flamme erlischt.

Er trifft einen anderen, der kein Feuer hat, der friert. Der bittet ihn, ihm von seinem Feuer zu geben. Zuerst will er nicht, er denkt, dieses heilige Feuer für eine so weltliche Sache, das geht nicht.

Dann aber gibt er doch.

Auf seinem weiteren Weg gerät er in einen schlimmen Sturm.

So sehr er auch sein Licht schützt, seine Flamme erlischt.

Nun erinnert er sich des anderen, dem er von seinem Licht abgegeben hat. Den weiten Weg zurück zum heiligen Ort über Meere und Ströme hätte er nicht mehr geschafft. Aber zu dem anderen, dem er geholfen hat, kann er zurück.

Willi Hoffsümmer

? Warum fällt Helfen manchmal schwer?

Der heilige Martin

Jesus sagt:
Was ihr dem geringsten
meiner Brüder getan habt,
das habt ihr mir getan.

nach Matthäus 25,40

3 Gestalte zur Martinsgeschichte.

Menschen in Not

 Wo siehst du Menschen in Not und wie kannst du helfen?

Das Martinsfest

! Warum feiern wir das Martinsfest?

Viele kleine Lichter

Text und Melodie: © Wolfgang Gies

Komm, stimm ein Lied für Mar – tin an!

Er nahm sich der Not des Frem – den an.

Ja, singt al – le laut, dass es je – der hö – ren kann:

Komm, stimm ein Lied für Mar – tin an!

Refrain

1. Vie – le klei – ne Lich – ter

2. las – sen Got – tes gro – ßes Licht er –

3. strah – len

4. in der Dun – kel – heit!

Was gestalten wir zum Martinstag?

5 Advent

Es weihnachtet sehr

👁 Woran merkst du, dass bald Weihnachten ist?

Was heißt das – Advent?

Worum geht es im Advent?

Was ist ein Adventskranz?

Wie feiern wir Advent?

Wozu haben wir Adventskalender?

? Welche Fragen hast du zum Advent?

Auf dem Weg nach Weihnachten

3 Was weißt du von den Heiligen Barbara, Nikolaus und Lucia?

Das steinreiche Herz

Ein Kaufmann war sehr reich. Er konnte nicht genug bekommen. Noch mehr wollte er verdienen. Auf einer Reise wurde er gefragt: „Willst du der reichste Mann der Welt werden?"
„Nichts lieber als das!", antwortete der Kaufmann. „Was muss ich dafür tun?" – „Du musst mir dafür dein Herz schenken!", sagte der Verführer.
Der Kaufmann zögerte nicht lange. Er tauschte sein Herz gegen einen Stein. Und in den folgenden Jahren wurde er reicher als alle. Jetzt war er steinreich, aber auch herzlos unglücklich.

Da traf er den Bischof Nikolaus. Der fragte ihn:
„Warum bist du so traurig?"
Der Kaufmann erzählte, dass er einst sein Herz vergeben hatte, um ganz reich zu werden.
„Das Geld hat dich nicht glücklich gemacht", sagte Nikolaus. „Versuch doch einen anderen Weg zum Glück. Geh und teil deinen Reichtum mit anderen, mit Menschen in Not."
Der Kaufmann folgte dem Rat.

Und tatsächlich: Mit jeder helfenden Tat schmolz der Stein in seiner Brust und das Herz kam wieder. Am Ende war aus dem armen Reichen ein reicher Armer geworden.

nach einer alten Legende

 Kennst du noch andere Geschichten vom Heiligen Nikolaus?

Worauf warten?

! Was erzählt dir das Bild?

Ein Kranz aus grünen Zweigen

Text und Melodie: Markus Ehrhardt

1. Ein Kranz aus grü-nen Zwei-gen mit vier-mal Ker-zen-licht, er will uns al-len zei - gen, dass bald die Zeit an-bricht.

2. Die dreiundzwanzig Türen
   und auch das große Tor,
   sie lassen alle spüren:
   uns steht etwas bevor.

3. Die schönen alten Lieder
   von dieser stillen Nacht,
   sie sagen heute wieder:
   „Gebt auf das Kindlein acht!"

4. Die Plätzchen auf den Blechen
   mit ihrem süßen Duft,
   sie wollen zu uns sprechen:
   „Es liegt was in der Luft!"

5. Die Sterne an den Scheiben,
   die schön gebastelt sind,
   sie drängen und sie treiben:
   „Folgt uns, bis hin zum Kind!"

 Wie können wir den Advent gestalten?

Spurensuche

👁 Was erinnert dich an Jesus?

Wie lebte Jesus?

? Welche Fragen hast du an Jesus?

Ein Dorf in Israel zur Zeit Jesu

3 Welche Geschichten von Jesus kennst du?

Ein Herz für Jesus

Jesus ging am See entlang. Da sah er Simon und seinen Bruder Andreas. Sie warfen die Netze aus. Sie waren Fischer.
Jesus rief ihnen zu: „Kommt her! Folgt mir nach! Ich werde euch zu Menschenfischern machen!"
Da ließen sie alles stehen und liegen und folgten ihm.

nach Markus 1,16–18

 Warum wollen Menschen zu Jesus gehören?

Jesus und die Kinder

! Was denken und fühlen die Menschen im Bild?

Dem Traum Jesu auf der Spur

Man brachte Kinder zu Jesus. Er sollte sie segnen und für sie beten.

Die Jünger und Freunde Jesu wiesen die Leute ab:

„Was sollen die Kinder hier bei uns?"

Jesus sah das und sagte:

„Lasst doch die Kinder zu mir kommen!

Menschen wie ihnen gehört das Himmelreich!"

Dann legte er ihnen die Hände auf und zog weiter.

nach Matthäus 19,13–15

Text: Kurt Rose
Melodie: Detlev Jöcker

Das wünsch ich sehr, dass im-mer ei-ner bei mir wär, der lacht und spricht: „Fürch-te dich nicht."

Wen möchtest du bei dir haben?

7 Die Bibel

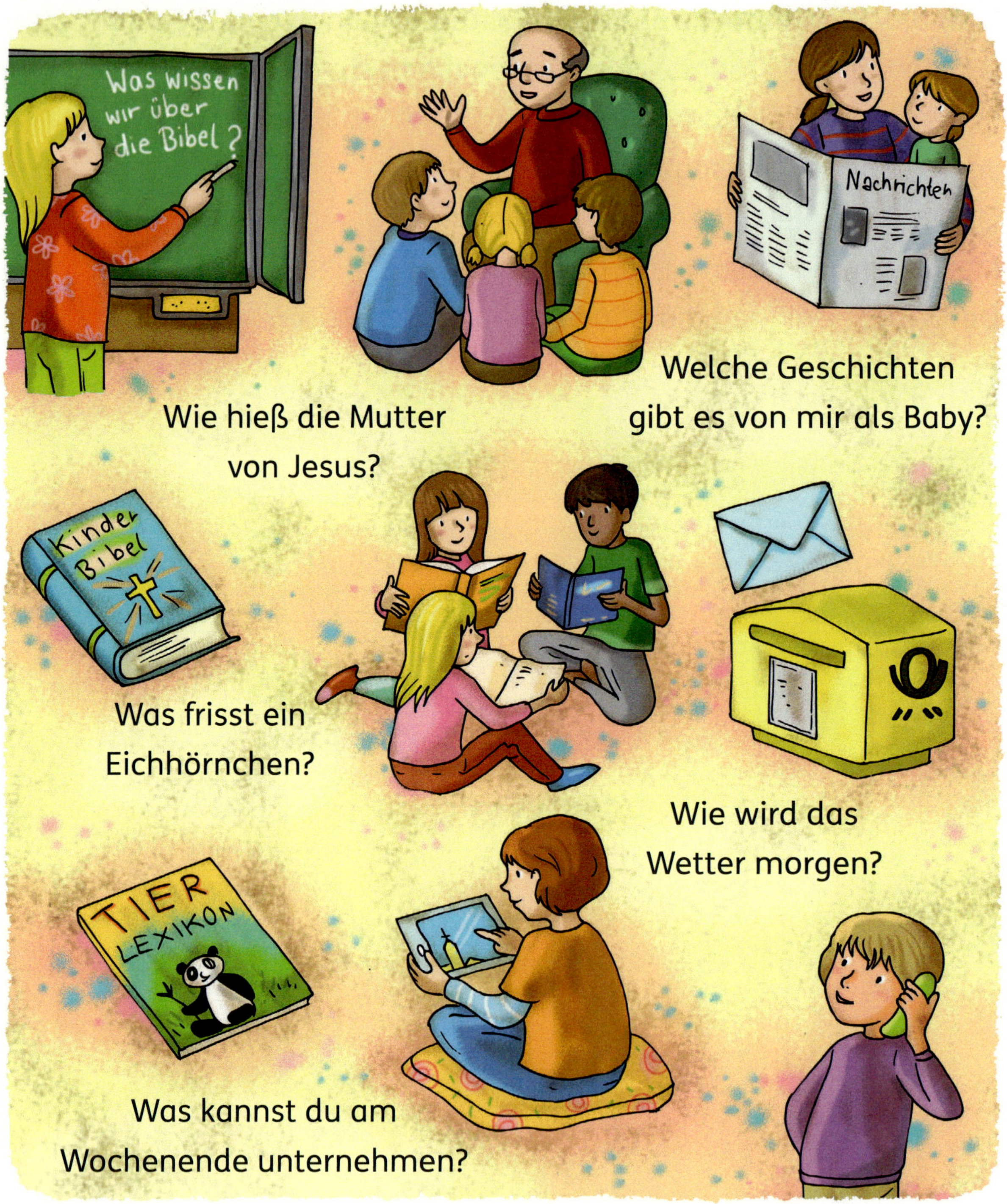

Wie hieß die Mutter
von Jesus?

Welche Geschichten
gibt es von mir als Baby?

Was frisst ein
Eichhörnchen?

Wie wird das
Wetter morgen?

Was kannst du am
Wochenende unternehmen?

 Woher bekommst du welche Informationen?

Verschiedene Bibeln

? Was ist das Besondere an der Bibel?

43

Die Bibel erzählt Geschichten von Jesus

Jesus wird geboren.

Jesus wächst in Nazaret auf.

Jesus beruft die ersten Jünger.

Jesus erzählt von Gott.

Jesus hilft Menschen.

Jesus stirbt am Kreuz.
Er ist auferstanden.

3 Erzähle Jesus-Geschichten, die du kennst.

Wir lernen durch Geschichten

 Erzähle deine Traumgeschichte. ⟶

Jesus und Zachäus

In der Stadt Jericho wohnte der Zöllner Zachäus.
Zachäus verlangte zu viel Geld. Deshalb mochte ihn niemand.

Jesus kam nach Jericho und ging durch die Stadt.
Zachäus wollte Jesus gerne sehen.
Aber er war klein. Er kletterte auf einen Baum.

Jetzt kam Jesus. Er sah Zachäus und sagte:
„Zachäus, komm schnell herunter!
Ich will dich heute besuchen."
Zachäus stieg schnell vom Baum und nahm Jesus voll Freude
bei sich auf.

nach Lukas 19,1–6

! Was erzählt die Geschichte Besonderes über Jesus?

Die Bibel – ein besonderes Buch für uns

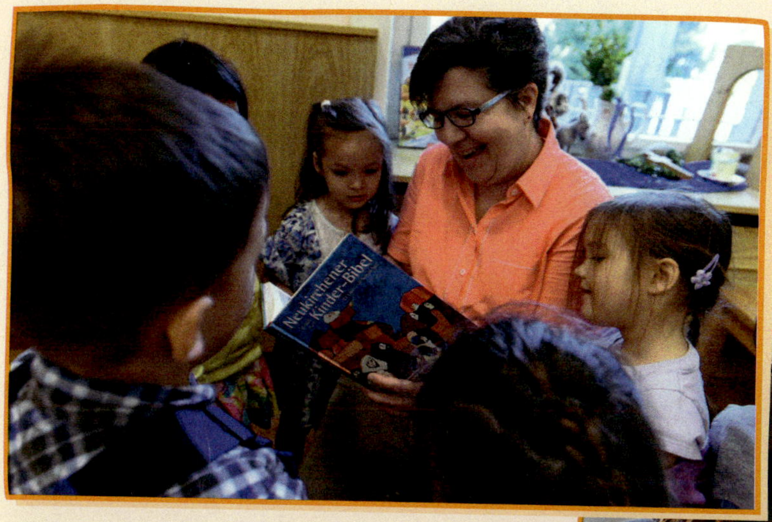

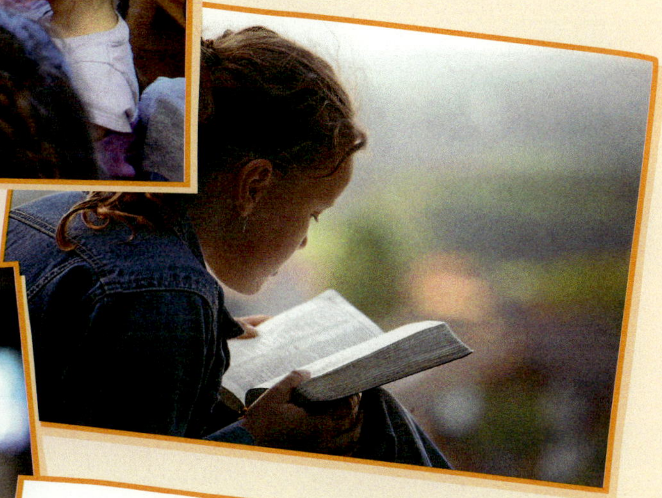

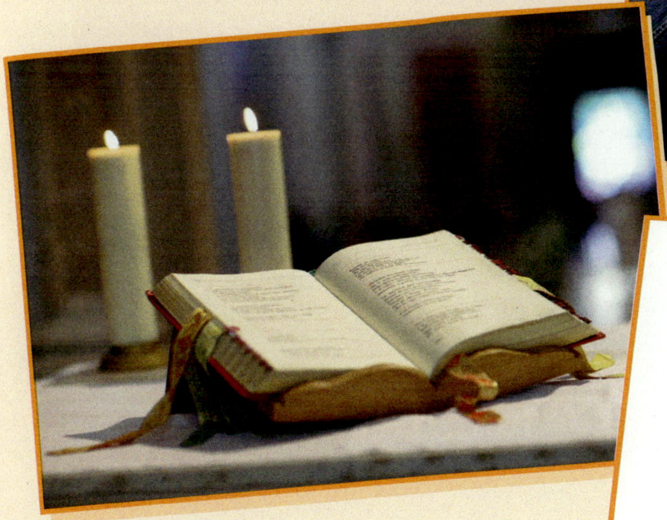

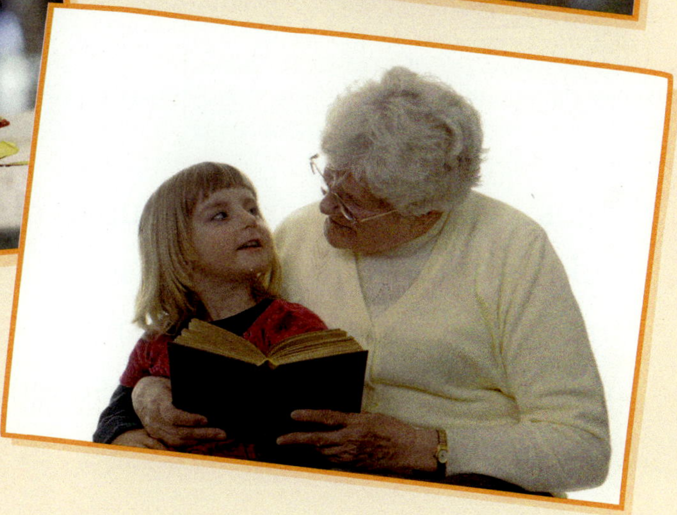

Gestaltet zusammen einen Bibel-Erzählschatz.

8 Gott ruft Menschen

Was hören wir?

"Alles, was ich höre, ist das Hupen der Autos
und das Rattern der Omnibusse.
Und dann freilich auch die Stimmen
und die Schritte der vielen Menschen.
Was hörst du denn?"

 Was hörst du, wenn es ganz still wird?

Kann man Gott hören?

Samuel hört Gottes Stimme

Der Junge Samuel lebte im Tempel bei dem Priester Eli.
Eines Nachts hörte Samuel eine Stimme: „Samuel! Samuel!"
Samuel schreckte hoch und wunderte sich, wer ihn gerufen hatte.
Er konnte niemanden sehen. Er lief zu Eli und sagte: „Was soll ich
tun? Du hast mich gerufen." Aber Eli antwortete: „Nein, ich habe
dich nicht gerufen. Du hast bestimmt geträumt. Schlaf weiter."

Samuel schlief wieder ein. Auf einmal hörte er wieder: „Samuel!
Samuel!" Wieder lief Samuel zu Eli. „Hier bin ich!"
Aber Eli antwortete: „Ich habe dich nicht gerufen. Leg dich wieder
hin."

Aber kaum war Samuel wieder eingeschlafen, hörte er die Stimme
ein drittes Mal: „Samuel! Samuel!"
Er lief zu Eli. Dieser verstand auf einmal, dass Samuel die Stimme
Gottes gehört hatte. Eli sagte zu Samuel: „Geh und leg dich
wieder hin, Samuel. Wenn du noch einmal die Stimme hörst, dann
antworte: ‚Rede, Herr, dein Diener hört!'"
Samuel ging schnell zurück und wartete.

Da war die Stimme auf einmal wieder da: „Samuel! Samuel!"
Samuel setzte sich im Bett auf und sagte laut:
„Rede, Herr, dein Diener hört!"

nach 1 Samuel 3,1–10

3 Auf wessen Ruf hörst du?

Herr, gib uns Mut zum Hören

Text und Melodie:
Kurt Rommel

1. Herr, gib uns Mut zum Hö – ren auf das, was du uns sagst. Wir dan-ken dir, dass du es mit uns wagst.

2. Herr, gib uns Mut zum Glauben an dich, den einen Herrn.
   Wir danken dir, denn du bist uns nicht fern.

♡ Wem vertraust du?

Von Gott begleitet

Wer unter dem Schutz Gottes steht, findet bei ihm Zuflucht und ein Zuhause.

Bei Gott bin ich geborgen.

Er schenkt mir neue Kraft und gibt mir Ruhe.

Auf Gott kann ich mich verlassen, ihm kann ich grenzenlos vertrauen.

Er rettet mich aus allen Gefahren.

Denn er ist bei mir, wenn ich mich allein fühle.

Er ist für mich da, wenn Streit herrscht.

Er ist da, wenn mir etwas nicht gelingt.

Wie ein großer Vogel seine Jungen unter seinen Flügeln beschützt, so beschützt mich Gott.

Er hält immer zu mir.

In der dunklen Nacht brauche ich keine Angst zu haben.

Krankheiten können mich nicht erschrecken.

Kein Leid erdrückt mich.

Gott befiehlt seinen Engeln, auf mich aufzupassen.

Gott sagt: „Weil ich dich liebe, will ich dich retten.

Weil du meinen Namen kennst, will ich dich schützen.

Ich bin bei dir in der Not.

Ich befreie dich.

Ich schenke dir Zufriedenheit und Zuversicht."

nach Psalm 91

! Wen hast du gerne in schwierigen Situationen bei dir?

Gottes Segen sei mit euch

Text: Rolf Krenzer
Melodie: Siegfried Fietz

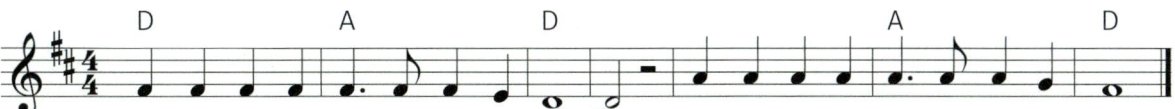

1. Got-tes gu-ter Se-gen sei mit euch.   Got-tes gu-ter Se-gen sei mit euch.
2. Got-tes gu-ter Se-gen sei vor euch.   Got-tes gu-ter Se-gen sei vor euch.
3. Got-tes gu-ter Se-gen ü-ber euch.   Got-tes gu-ter Se-gen ü-ber euch.
4. Got-tes gu-ter Se-gen sei um euch.   Got-tes gu-ter Se-gen sei um euch.
5. Got-tes gu-ter Se-gen sei in euch.   Got-tes gu-ter Se-gen sei in euch.

1. Um euch zu schützen,   um euch zu stützen   auf euren We - gen.   gen.
2. Mut, um zu wa-gen,   nicht zu ver-za-gen   auf allen We - gen.   gen.
3. Lie-be und Treu-e   im-mer aufs Neu-e   auf euren We - gen.   gen.
4. Heu-te und mor-gen   seid ihr ge-borgen   auf allen We - gen.   gen.
5. Sucht mit dem Her-zen,   leuch-tet wie Ker-zen   auf euren We - gen.   gen.

 Gestalte einen Segensgruß.

9 Beten lernen

Stille erfahren

Fragen an einen alten Stein

Wie alt bist du, Stein?
Wo hast du gelegen?
Wer hat dich gefunden?

Was hast du alles erlebt?
Wie fühlst du dich?
Was möchtest du gerne sein?
Wenn du sprechen könntest, was würdest du uns erzählen?

? Wie kannst du einen Stein zum Sprechen bringen?

Ruhe finden ...

danken

loben

... im Stille-Kreis

klagen

bitten

 Was hast du auf dem Herzen?

Menschen beten

Im Namen Gottes,
des Erbarmers,
des Barmherzigen.
Lob sei Gott,
dem Herrn der Welten.

Höre, Israel, der Herr,
unser Gott, ist einzig.
Darum sollst du den Herrn,
deinen Gott,
lieben mit ganzem Herzen,
mit ganzer Seele und mit
ganzer Kraft.

!Welche Gebete kennst du?

So können wir beten

Alle guten Gaben,
alles, was wir haben,
kommt, oh Gott,
von dir.
Dank sei dir dafür.

**Im Namen des Vaters
und des Sohnes
und des Heiligen Geistes
AMEN**

Guter Gott!
Wenn ich den Tag
noch einmal ausdenke,
dann ist mir vieles
gut gelungen,
einiges möchte ich
besser machen.
Du verzeihst mir.
Danke.

 Wir sammeln uns im Gebetskreis.

10 Schöpfung
Über die Welt staunen

 Was entdeckst du in der Schöpfung?

Unsere Schöpfungsschätze

? Was ist dein Schöpfungsschatz?

Über die Erde

Über die Erde sollst du barfuß gehen.
Zieh die Schuhe aus, Schuhe machen dich blind.
Du kannst doch den Weg mit deinen Zehen sehen,
das Wasser, den Wind.
Sollst mit deinen Sohlen die Steine berühren,
mit ganz nackter Haut.

Dann wirst du bald spüren, dass dir die Erde vertraut.
Spür das nasse Gras unter deinen Füßen
und den trockenen Staub.

Lass dir vom Moos die Sohlen streicheln und küssen
und fühl das Knistern im Laub.
Steig hinein, steig hinein in den Bach
und lauf aufwärts dem Wasser entgegen.
Halt dein Gesicht unter den Wasserfall.
Und dann sollst du dich in die Sonne legen.

Leg deine Wange an die Erde, riech ihren Duft und spür,
wie aufsteigt aus ihr eine ganz große Ruh'.
Und dann ist die Erde ganz nah bei dir,
und du weißt: Du bist ein Teil von Allem und gehörst dazu.

Martin Auer

3 Was bedeutet das für dich: Du bist ein Teil von Allem
und gehörst dazu?

Die Werkstatt der Schmetterlinge

Schmetterlinge wiegen fast nichts.

Sie sind ganz leicht. So leicht, als ob die Sonne mit den Wimpern schlage, als ob sie vom Licht geblendet sei und ihre Augen rot und gelb blinzelten.

Schmetterlinge sind wie das Niesen des Regenbogens.

Vor langer Zeit gab es keine Schmetterlinge. Und viele andere Pflanzen und Tiere nicht, die alle noch darauf warteten, erschaffen zu werden.

♡ Welche Schöpfungsträume hast du?

Die Bibel erzählt
von der Erschaffung der Welt

Gott sah alles an,

was er gemacht hatte:

Es war sehr gut.

aus Genesis 1,31

!Worüber freust du dich besonders?

Du hast uns deine Welt geschenkt

Text: Rolf Krenzer
Melodie: Detlev Jöcker

1. Du hast uns dei – ne Welt ge – schenkt: den Him – mel, die Er – de. Du hast uns dei – ne Welt ge – schenkt. Herr, wir dan – ken dir.

2. Du hast uns deine Welt geschenkt:
   die Länder, die Meere ...

3. Du hast uns deine Welt geschenkt:
   die Sonne, die Sterne ...

4. Du hast uns deine Welt geschenkt:
   die Blumen, die Bäume ...

5. Du hast uns deine Welt geschenkt:
   die Berge, die Täler ...

6. Du hast uns deine Welt geschenkt:
   die Vögel, die Fische ...

7. Du hast uns deine Welt geschenkt:
   die Tiere, die Menschen ...

 Du kannst Gott in einem Lied danken.

11 Jesus erzählt

👁 Was bringt das Kind zum Staunen?

Welche Geschichten hörst du gerne?

Grauer Alltag

Viele Menschen erleben ihren Alltag als grau und farblos.
Jeden Tag machen sie die gleichen Dinge. Sie kümmern sich nur um
sich selbst. Ihnen fehlt jemand, der wieder Farbe in ihr Leben bringt.
Jemand, der zeigt, wie schön das Leben sein kann.

3 Erzähle eine eigene Geschichte zu dem Bild.
   Wodurch könnte sich das Leben der Menschen ändern?

Das Reich Gottes

Geht und berichtet, was ihr gesehen und gehört habt:
Blinde sehen wieder, **Lahme** gehen, **Taube** hören
und **Aussätzige** werden rein.

nach Lukas 7,22

Wie stellst du dir das Reich Gottes vor?

Das Reich Gottes ist wie ein Senfkorn

Als Jesus gefragt wurde, womit er das Reich Gottes
vergleichen würde, erzählte er folgende Geschichte:

Ein Mann säte ein Senfkorn
auf seinem Acker.
Es war ein winzig kleines Senfkorn.
Man konnte es kaum sehen.
Als es auf den Acker gefallen war,
begann es zu wachsen.
Es wuchs und wuchs
und wurde zu einem großen Baum.
Der Baum bekam starke Äste
und dicke und dünne Zweige
mit vielen Blättern.
So konnten sich die Vögel des Himmels
darin ihre Nester bauen.

nach Matthäus 13,31 und 32

! Gestaltet zu dieser Geschichte.

Kleines Senfkorn Hoffnung

Text: Alois Albrecht
Melodie: Ludger Edelkötter

Klei-nes Senf-korn Hoff-nung, mir umsonst ge-schenkt,

wer-de ich dich pflan-zen, dass du wei-ter - wächst,

dass du wirst zum Bau-me, der uns Schat-ten wirft,

Früch-te trägt für al - le, al - le, die in Ängs-ten sind.

Ich bin nur ein kleines Senfkorn, eines unter Millionen anderen, warte hier seit Monaten reglos, abgefüllt im dunklen Jutesack.

In mir steckt Leben, ich spür es. Noch habe ich Zeit zum Nachdenken und Träumen von meiner Zukunft.

 Wie sieht dein Traum von der Zukunft aus?

71

12 Kirche

Welche Kirche in deiner Nähe kennst du?

Innenansichten

Madonna

Tabernakel

Kreuz

Osterkerze

Ewiges Licht

Kanzel/Ambo

Altar

Gebetsnische

Taufbecken

Weihwasserbecken

? Was gibt es in einer Kirche zu entdecken?

In der Kirche feiern wir

Taufe

Heilige Messe

Erstkommunion

... jeden Sonntag Ostern.

Weihnachten

? Was wird in der Kirche alles gefeiert?

Gemeinde für Kinder

In der Pfarrbücherei gibt es nicht nur Bücher.

Wir gehen zum Martinszug.

Wir basteln für Palmsonntag.

Kim singt im Kinderchor.

♡ Wie wünschst du dir eine Gemeinde für Kinder?

Kirche – Haus Gottes

HUNGRIGE SPEISEN

DURSTIGEN ZU TRINKEN GEBEN

NACKTE BEKLEIDEN

FREMDE AUFNEHMEN

KRANKE PFLEGEN

GEFANGENE BESUCHEN

TOTE BEGRABEN

UNWISSENDE LEHREN

ZWEIFELNDEN RECHT RATEN

TRAUERNDE TRÖSTEN

SÜNDER ZURECHTWEISEN

BELEIDIGUNGEN VERZEIHEN

LÄSTIGE GEDULDIG ERTRAGEN

FÜR LEBENDE UND VERSTORBENE BETEN

! Wozu lädt die Kirchentür ein?

Gott baut ein Haus

Text und Melodie: Waltraut Osterlad

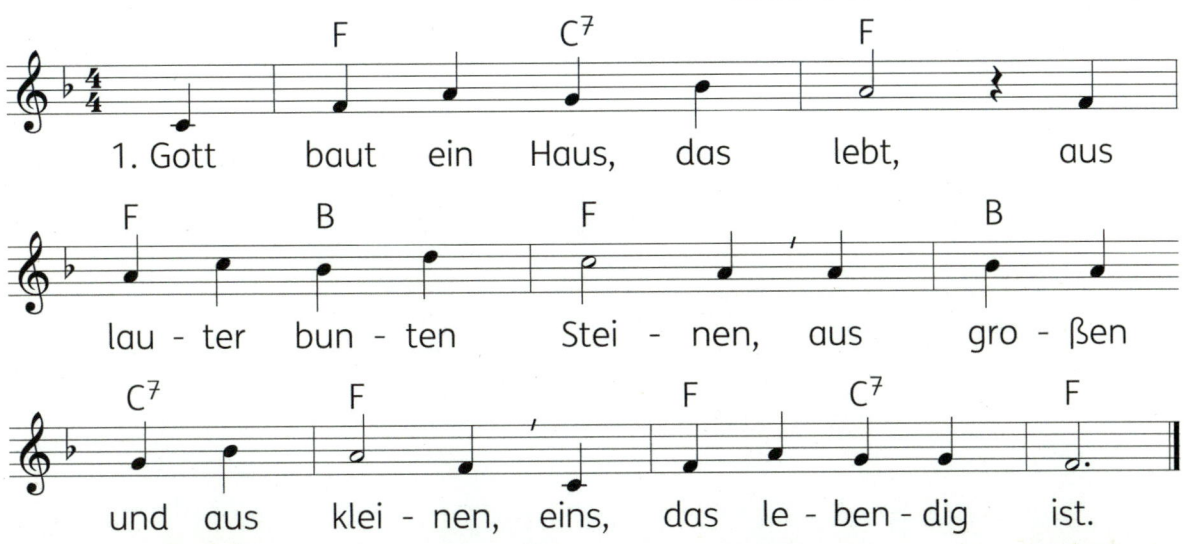

1. Gott baut ein Haus, das lebt, aus lau-ter bun-ten Stei-nen, aus gro-ßen und aus klei-nen, eins, das le-ben-dig ist.

2. Gott baut ein Haus, das lebt,
wir selber sind die Steine,
sind große und auch kleine,
du, ich und jeder Christ.

3. Gott baut ein Haus, das lebt,
aus ganz, ganz vielen Leuten,
die in verschiedenen Zeiten
hörten von Jesus Christ.

Wie wünschst du dir eine Kirche für Kinder?

Was wir alles können

👁 Was kannst du besonders gut?

? Wie kannst du helfen und Mut machen?

Einmalig ist jedes Kind

Text: Susanne Brandt
Musik: Reinhard Horn

2. Ich bin älter als du, du bist jünger als ich.

Das ist nicht so schlimm, trotzdem mag ich ja dich!

Es ist gut, dass wir so verschieden sind:

Einmalig ist jedes Kind! Einmalig ist jedes Kind!

3. Ich bin lauter als du, du bist leiser als ich.

Das ist nicht so schlimm, trotzdem mag ich ja dich!

Es ist gut, dass wir so verschieden sind:

Einmalig ist jedes Kind! Einmalig ist jedes Kind!

3 Was schätzt du an anderen besonders?

Einfach alles

Ich möchte ein Sack voll Blödsinn sein
möcht tagelang nur lachen
und kreuz und quer
und vorneweg
und hintendrein
die tollsten Sprünge machen.

Ich möchte ein Baum im Walde sein
und sanft im Wind mich wiegen
und mutig und voll Lust
stets neue Blätter kriegen.

Ich möchte einfach alles sein
möcht stille stehn
und springen.
Und wenn ich einmal traurig bin,
hört ihr mich leise singen.

Klaus Kordon

 Was möchtest du gerne können?

David und Goliat

Als David zum Lager kam, sah er, wie die Philister und die Israeliten ihre Mannen zum Kampf aufstellten. Einen Mann bei den Philistern konnte David besonders gut sehen, denn der war riesengroß und stark wie ein Bär. Er hieß Goliat und trug eine schwere Rüstung.

Er rief den Israeliten zu:

„Wer von euch nimmt es mit mir auf? Er soll herkommen! Wenn er mich besiegt, habt ihr den Krieg gewonnen. Wenn ich ihn besiege, habt ihr den Krieg verloren und werdet unsere Sklaven."

Da schrie Goliat noch lauter:

„Ihr Feiglinge, habt ihr denn alle Angst?"

Bei den Israeliten war es ganz still, niemand antwortete.

Dann rief David:

„Ich werde gegen Goliat kämpfen."

nach 1 Samuel 17

! Was gibt Mut und Selbstvertrauen?

David als König dankt Gott

Zu dir, Herr, erhebe ich meine Seele.

Mein Gott, auf dich vertraue ich.

Zeige mir, Herr, deine Wege und lehre mich deine Pfade.

Führe mich in deiner Treue und lehre mich.

Denn auf dich hoffe ich allezeit.

aus Psalm 25,1–5

 Finde Worte, die Mut machen.

14 Streiten

Immer das gleiche Spiel

Aus Spaß wird Ernst

Zwei spielen miteinander. Sie haben viel Spaß dabei.
Sie achten darauf, dass der Ball nicht auf den Boden fällt.

Bis einer anfängt, zu stänkern:
„Du hast den Ball fallen lassen, du Blödmann!"
„Du hast mich umgeschubst, du Spielverderber!"
„Das lasse ich mir von dir nicht gefallen!
Das kriegst du zurück! Ich zeig es dir!"

Schnell wird aus Spaß böser Ernst. Das geht immer so weiter,
hin und her. Keiner will der Verlierer sein. Keiner will klein beigeben.
So wird es immer schlimmer.

Beide haben sich sehr wehgetan. Sie weinen.
Das schöne Spiel ist aus. Keiner hat gewonnen.
Am Ende siehst du nur Verlierer.

? Soll man jeden Streit vermeiden?

Nicht alles gefallen lassen!

Nicht mit mir!
So bitte nicht!
Jetzt reicht es mir aber!
Lass das endlich sein!
Stopp, aus, das will ich nicht!
Nein danke!
Lass mich in Ruhe!
Das mache ich nicht mit!
Hier ist meine Grenze!
Das lasse ich mir nicht bieten!

3 Spielt Situationen zu diesen Sätzen.

Entschuldige bitte!

Du bist stinksauer auf mich.
Entschuldige bitte!
Tut mir leid, ich habe dir wehgetan.
Lass uns in Ruhe über alles reden!
Bist du mir noch sehr böse?
Das war blöd von mir.
Ich habe das nicht so gemeint!
Komm, wir vertragen uns wieder!
Spielen wir was zusammen?
Lass uns wieder Freunde sein!

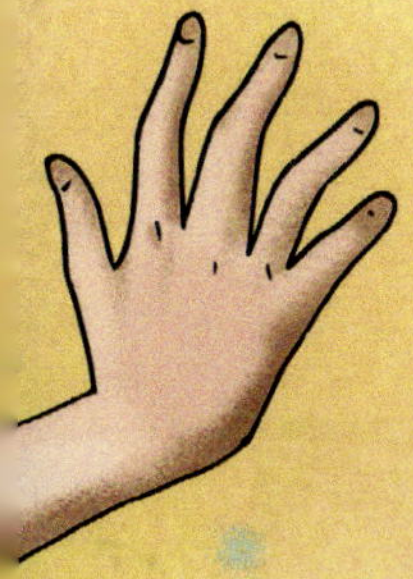

Vertraut nicht auf Gewalt.

aus Psalm 62,11

 Wie kannst du einen Streit schlichten?

Der Wolf von Gubbio

In der Nacht streunte der Wolfshund von Gubbio umher, griff Haustiere und Menschen an. Er hielt die ganze Stadt in Angst und Schrecken. Niemand ging ohne Waffe aus dem Haus. Kinder durften nicht mehr draußen spielen. Das war zu gefährlich.
Jeder, der nicht unbedingt in der Stadt zu tun hatte, machte einen großen Bogen um Gubbio herum. Wer wollte schon gerne Bekanntschaft machen mit einem bissigen, vielleicht sogar tollwütigen Wolf?

Franziskus von Assisi war auf dem Weg nach Gubbio, als er die Leute von dem bösen Raubtier klagen hörte. Er bekam Mitleid mit dem armen Geschöpf. Franziskus wusste, was Hunger bedeutet. Auch Menschen können zu wahren Bestien werden, wenn Hunger sie quält.

Er wollte den Wolf zur Rede stellen, um ihm eine Chance zu geben. Die Leute versuchten mit allen Mitteln, ihn davon abzuhalten: „Der Wolf wird dich töten!", warnten sie.

Doch Franziskus hörte auf die Stimme des Herzens, nicht auf die der Menschen. Er ging dem Wolf entgegen. Die Menschen flohen in die Häuser und verfolgten das Geschehen mit gespannten Augen vom Fenster aus. Sie sahen, wie der Wolf Franziskus drohend ankläffte.

! Wie geht die Geschichte wohl weiter?

Du und ich

Du bist anders als ich,
       ich bin anders als du.
       Gehen wir aufeinander zu,
schauen uns an,
       erzählen uns dann,
was du gut kannst,
       was ich nicht kann,
was ich so treibe,
       was du so machst,
worüber du weinst,
       worüber du lachst,
ob du Angst spürst bei Nacht,
       welche Sorgen ich trag,
welche Wünsche du hast,
       welche Farben ich mag,
was traurig mich stimmt,
       was Freude mir bringt,
wie wer was bei euch kocht,
       wie wer was bei uns singt ...
Und plötzlich erkennen wir,
       – waren wir blind? –
dass wir innen uns
       äußerst ähnlich sind.

Karlhans Frank

 Gute Idee: Freundschaftsbänder aus „Geduldsfäden"
knüpfen.

15 Gottes Welt – uns anvertraut

Du
hast alles geschaffen
und
nach Maß, Zahl und Gewicht
geordnet.

nach dem Buch der Weisheit 11,20

 Welche Muster und Kreisläufe findest du in der Natur?

Gottes Schöpfung

Bedrohte Schöpfung – bedrohte Völker
Nirgendwo ist der Raubbau an der Schöpfung so
offensichtlich wie im Gebiet des Amazonas.
Mit dramatischen Folgen:
Der Amazonas ist die Lunge der Welt und der Lebens-
raum von rund 390 verschiedenen indigenen Völkern.
Doch der maßlose Abbau von Rohstoffen, die Hol-
zindustrie, die Ausweitung der Rinderzucht und des
Sojaanbaus sowie der Klimawandel verändern di...
Lebensraum. E...
ist bereits unw...
massive Fol...

? Welche Fragen hast du?
Was wünschst du der Schöpfung?

Franziskus als Bruder der Tiere

3 Wie gehen Menschen mit den Tieren um?
Wie findest du das?

Franziskus sprach mit den Vögeln so vertraut,
als wären sie seine Geschwister.

Als wieder einmal viele Vögel um Franziskus versammelt waren,
sagte er zu ihnen:
„Gott hat euch lieb, ihr Vögel.
Seht euch an:
Er hat euch Federn geschenkt.
Sie halten euch warm und schützen euch.
Und Flügel hat er euch gegeben.
Sie tragen euch hoch in die Luft.
Er hat euch auch einen Schnabel gemacht.
Damit könnt ihr essen und trinken.
Gott sorgt für euch, ihr Vögel."

Und dann fügte er hinzu:
„Gott hat euch genauso lieb wie mich und alle Menschen.
Wir gehören alle zu Gottes großer Familie.
Deshalb seid ihr für mich meine Schwestern und Brüder."

Ein kleiner Buchfink war über die Worte des Franziskus so erfreut,
dass er ganz aufgeregt um ihn herumflatterte.
Die Vögel verstanden Franziskus.
Sie spannten ihre Flügel weit aus
und sangen voller Dankbarkeit.

nach einer Legende

 Wie möchtest du mit der Schöpfung umgehen?

Gott setzt ein Zeichen

Auf Gott hören

Gott sprach zu Noach: Die Menschen werden immer schlechter.

Durch eine große Flut werde ich sie vernichten.

Du, Noach, bist gerecht und gut. Du sollst gerettet werden.

Darum baue dir eine hölzerne Arche. Geh mit deiner Familie hinein.

Nimm von allen Tieren je zwei mit in die Arche,

damit sie am Leben bleiben.

Gott antworten

Noach gehorchte Gott.

So konnten die Wasser der großen Flut ihnen nichts anhaben.

Auf Gott vertrauen

Noach dankte Gott für die Rettung und Gott sprach zu ihm:

Solange die Erde besteht, soll es geben Aussaat und Ernte, Kälte

und Hitze, Sommer und Winter, Tage und Nächte.

! Was erzählt dir die Noach-Geschichte über Gott und
seine Schöpfung?

94

Dann segnete Gott Noach und seine
Familie und sprach zu ihnen:
Hiermit schließe ich einen Bund mit
euch und euren Nachkommen.
Nie wieder soll die Flut die Erde
verderben.
Als Zeichen setze ich meinen Bogen in
die Wolken und ihr wisst, wenn ihr den
Regenbogen seht:
Ihr könnt euch auf mich verlassen.

nach Genesis 6,1–9,17

 Was bedeutet der Regenbogen, auch für uns?

16 Wasser des Lebens

Was Kinder zum Leben brauchen

Kinder brauchen:
Essen und Trinken,
Kleidung und ein Haus.
Aber sie brauchen mehr:
die offene Hand,
das ermutigende Wort,
Hände, die tragen,
und Licht an dunklen Tagen.
Auch den Zuspruch zur Nacht.
Kurzum: Alles, was stark
und zuversichtlich macht.

👁 Wann fühlst du dich stark und zuversichtlich?

Wir danken für das Wasser

Du, Gott, du bist es,
der Quellen entspringen
und zu Bächen werden lässt.
Zwischen den Bergen
suchen sie ihren Weg.
Sie dienen den Tieren
und den Menschen als Tränke.

Wir danken dir für alles Leben,
das von dir kommt.

nach Psalm 104,10–11

? Welche Eigenschaften von Wasser kennst du?

Das besondere Wasser

3 Welche Bedeutung hat Wasser für das Leben?

Von Gott bin ich getragen

Alle meine Quellen
entspringen in dir.

Psalm 87,7

Denn bei dir ist die
Quelle des Lebens.

Psalm 36,10

Wie der Hirsch lechzt
nach frischem Wasser,
so lechzt meine Seele,
Gott, nach dir.

Psalm 42,2

Du ziehst mich
heraus aus
gewaltigen
Wassern.

nach Psalm 18,17

Du führst mich
zum Ruheplatz
am Wasser.

Psalm 23,2b

 Gestalte zu einem Vers.

Die Taufe

Ich taufe dich
im Namen des Vaters
und des Sohnes
und des Heiligen
Geistes.

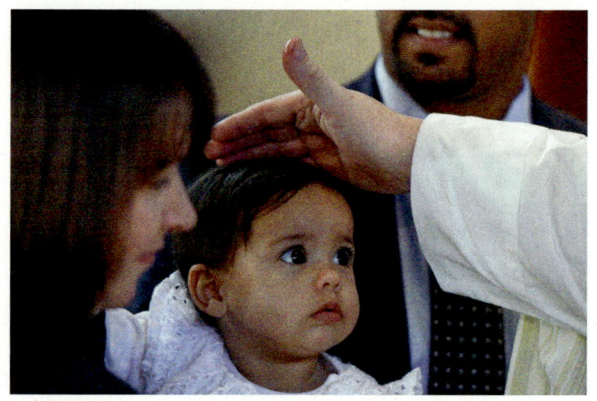

Das Kind wird
mit Chrisam gesalbt.

Dem Kind wird
das Taufkleid angezogen.

Die Taufkerze des Kindes
wird an der Osterkerze
entzündet.

! Beschreibe den Ablauf der Tauffeier in deinen Worten.

Effata, öffne dich

Text und Melodie: Franz Kett

Ef - fa - ta, öff - ne dich, spricht dich Je - sus an.

1. Wenn dei - ne Oh - ren of - fen sind, fängst du zu le - ben an.

Wenn dei-ne Oh-ren of-fen sind, fängst du zu le-ben an.

2. Wenn deine Augen offen sind ...

3. Wenn deine Hände offen sind ...

4. Wenn du dein Herz (Haus) geöffnet hast ...

5. Wenn du dich ganz geöffnet hast ...

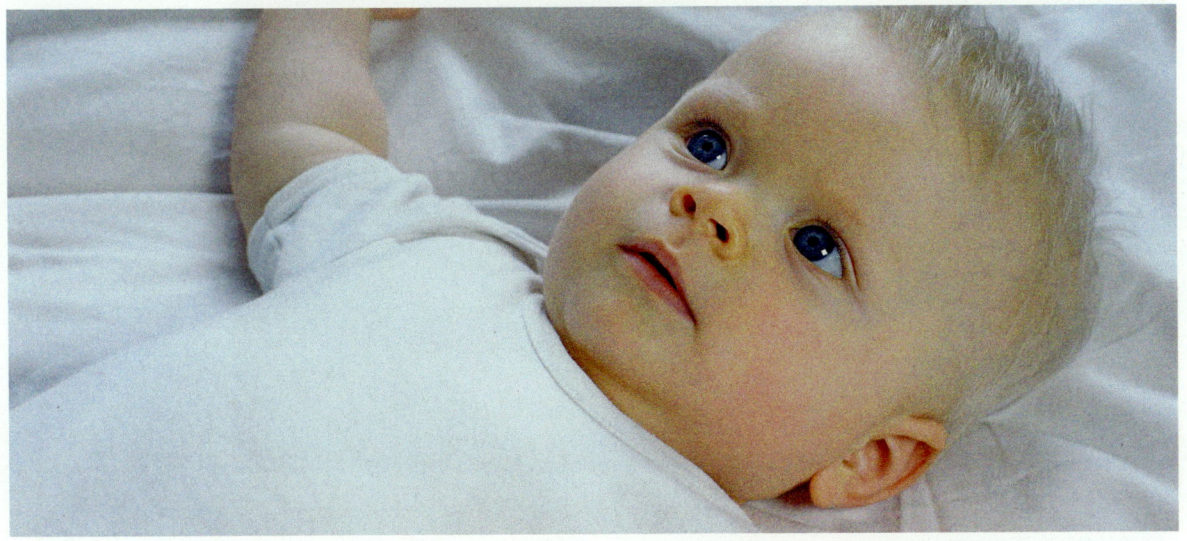

Gestalte das Lied.

17 Weihnachten

Wie eine Kerze leuchtet

Text und Musik: Franz Kett

1. Wie ei - ne Ker - ze leuch – tet, so möcht ich sel – ber sein.__
2. Wie ei - ne Ker - ze warm macht, so möcht ich sel – ber sein.__
3. Wie ei - ne Ker - ze auf – strahlt, so möcht ich sel – ber sein.__

1. Ich möch – te Licht ver – brei – ten. Ich möch – te leuch-tend sein.__
2. Ich möch – te Wär – me schen – ken. Mein Herz soll Lie – be sein.__
3. Ich möch – te Freu – de schen – ken. Ich möch – te fröh – lich sein.__

Refrain

Ma-che dich auf und wer-de Licht. Ma-che dich auf und wer-de Licht.

Wie fühlst du dich im Dunklen?
Was macht die Welt heller?

Geht dir ein Licht auf?

Wie feiert ihr Weihnachten?

Warum feiern wir das überhaupt?

Wieso schmücken wir Weihnachtsbäume?

Was wünschst du dir zum Weihnachtsfest?

Feiern alle Menschen Weihnachten?

Warum gibt es so viele Geschenke?

Wie kann ich Licht sein für andere?

Du großer Gott, ein kleines Kind?

Jesus, das Licht für die Welt?

? Sammle Fragen rund um die Weihnacht.
Welche Antworten findest du?

Spiel mit Licht und Schatten

Kaiser Augustus hat befohlen: Jeder muss in seine Heimatstadt gehen.
Maria und Josef machen sich auf nach Betlehem. Der Weg ist sehr weit. Sie finden keine Herberge. Überall werden sie abgewiesen.

Nur in einem alten Stall bei einem Ochsen und einem Esel finden sie Unterschlupf.
Mitten in der Nacht bekommt Maria ihr Kind. Sie wickelt es und legt es in die Futterkrippe.
Jesus, „Gott rettet", soll es heißen.
So hat es ihr der Engel gesagt.

3 Gestalte die Weihnachtsgeschichte, zum Beispiel als Schattenspiel.

Die Weihnachtsgeschichte

Auf dem Feld wachen Hirten bei ihrer Herde. Plötzlich erscheint ihnen ein Engel: „Fürchtet euch nicht. Freut euch: Heute ist Jesus geboren, Gottes Sohn."

Dann sind viele Engel da. Sie loben Gott und singen: „Ehre sei Gott in der Höhe. Friede den Menschen auf Erden!" Da springen die Hirten auf. Sie finden das Kind in der Krippe, genau wie der Engel es ihnen gesagt hat.

Drei Weise kommen von weit her. Sie haben einen Stern gesehen. Er führt sie zum Kind im Stall von Betlehem. Sie bringen Weihrauch, Gold und Myrrhe als Geschenke für den neugeborenen König des Friedens, Gottes Sohn.

nach Lukas und Matthäus

♡ Wie kannst du den Weg auf Weihnachten zu für dich und andere heller gestalten? ⟶

Weihnachten feiern

! Wie hast du Weihnachten in der Kirche erlebt?

In der Kirche

Wie können Menschen die Botschaft von Weihnachten weitergeben?

Ein großer Schatz

Was entdeckst du, wenn du in eine Bibel schaust?

Ein Buch mit sieben Siegeln

1. Was bedeutet das Wort Bibel?
2. In welche Sprachen wurde die Bibel übersetzt?
3. Wie ist die Bibel eingeteilt?
4. Seit wann gibt es die Bibel?
5. Wer hat die Geschichten der Bibel aufgeschrieben?
6. Gibt es noch andere heilige Bücher?
7. Was ist das Besondere an der Bibel?
8. Welche Personen aus der Bibel kennst du?

? Sammle weitere Fragen zur Bibel.
Gehe als Reporter auf Antwortsuche.

Altes Testament (AT)

Gottes Wort ist wie Licht in der Nacht.

Es gibt Trost, es gibt Halt
in Bedrängnis, Not und Ängsten.

---

3 Hast du eine Lieblingsgeschichte in der Bibel?

Neues Testament (NT)

Es hat Hoffnung und Zukunft gebracht.

Es ist wie ein Stern
in der Dunkelheit.

♡ Was ist aus dem Kind in der Krippe geworden?

Dem Wort vertrauen

In Kafarnaum lebte ein römischer Hauptmann. Er kannte die Bibel kaum. Sein Diener war todkrank. Das tat ihm so leid. Er wusste nicht, wie er ihm noch helfen konnte. So schwer krank lag er da.

Da hörte der Hauptmann von Jesus. „Er wird meinen Diener retten!" So glaubte er fest. Schnell schickte er einige von den jüdischen Ältesten zu ihm. Sie gingen zu Jesus und baten ihn sehr, zu ihm zu kommen. „Wenn einer den todkranken Diener noch retten kann, dann nur du!" Jesus ging mit ihnen.

Als Jesus dem Haus näher kam, schickte der Hauptmann Freunde und ließ ihm sagen:
„Herr, bemüh dich nicht! Denn ich bin es nicht wert, dass du mein Haus betrittst. Du, Herr, bist meine letzte Hoffnung!
Ich bin nicht einmal ein gläubiger Jude. Ich habe mich daher auch nicht getraut, selber zu dir zu kommen. Aber sprich nur ein Wort, dann wird mein Diener gesund. Ich befehle viele Soldaten. Wenn ich einem sage: ‚Geh!', dann geht er, und zu einem anderen: ‚Komm!', so kommt er."
Jesus wunderte sich, als er das hörte. Er drehte sich zu seinen Freunden um und sagte:
„Solch einen tiefen Glauben habe ich noch nicht gefunden."

Als die Diener des Hauptmanns dann in das Haus zurückkamen, wunderten sie sich sehr: Der so kranke Diener war wieder gesund!

nach Lukas 7,1–10

❗Was wundert dich an der Geschichte?

Bibel teilen

1. Wir werden still.
2. Wir hören eine Erzählung aus der Bibel.
3. In einer Sprechsteinrunde sagt jedes Kind, was ihm dazu einfällt.
4. Wir lesen die Erzählung gemeinsam.
5. Wir sprechen darüber und überlegen, was uns die Bibelgeschichte erzählt.
6. Was nehmen wir aus der Erzählung mit?

Übe das BIBEL TEILEN im Religionsunterricht.

19 Gott begleitet

Der Lauf des Lebens

👁 Welche Bilder aus deinem Leben fallen dir ein?

Höhen und Tiefen im Leben

? Wie verläuft dein Leben? ⟶

Josef und seine Brüder

Schon von Weitem sahen die Brüder Josef. „Da kommt ja Josef!", sagte Gad, „der Prahler und Angeber! Seht seinen bunten Rock! Jetzt ist er endlich in unserer Hand! Wir werden ihm seine Träume schon austreiben. Kommt, wir wollen ihn erwürgen und ihn in eine Grube werfen! Dem Vater erzählen wir, ein wildes Tier habe ihn gefressen!" „Nein, das dürft ihr nicht tun", sagte Ruben, „werft ihn in den Brunnen, aber tötet ihn nicht. Er ist unser Bruder!" Ruben wollte später Josef retten und zum Vater zurückbringen. Josef kam auf die Brüder zu. Keiner grüßte ihn. Sie gingen drohend auf ihn zu und umringten ihn. Josef bekam Angst. Da packten seine Brüder ihn, schlugen und traten ihn. Als Josef bewusstlos war, warfen sie ihn in einen ausgetrockneten Brunnen. „Endlich haben wir Ruhe vor diesem Angeber! Verhungern und verdursten soll er!"

In der Nacht, als Ruben nicht bei den anderen Brüdern war, kamen Händler auf Kamelen vorbei. Da hatten die Brüder eine Idee. Sie holten Josef aus dem Brunnen und verkauften ihn für zwanzig Silberlinge an die Fremden. Die Fremden wollten Josef in Ägypten als Sklaven anbieten. Josef wurde an ein Tier gebunden und musste mitgehen. Er fühlte sich schwach und traurig. Als Ruben zu den Brüdern zurückkehrte, war er verzweifelt. „Was habt ihr getan? Wo ist Josef?" Die Brüder lachten nur und erzählten ihm alles. Am nächsten Tag schlachteten sie einen Ziegenbock und tränkten Josefs Rock in dem Blut. Den schickten sie dem Vater nach Hause.

nach Genesis 37,18-32

3 Wie verläuft Josefs Leben?

Josef in Ägypten

Ein glücklicher Ausgang

In Josefs Heimat herrschte eine große Hungersnot. Auch seine Familie hatte kaum etwas zu essen. Darum schickte sein Vater seine Brüder nach Ägypten, um Getreide zu kaufen. So brachen sie auf.

In Ägypten trafen sie Josef, aber sie erkannten ihn nicht. Da stellte Josef sie auf die Probe. Er versteckte einen Becher in den Getreide-säcken. Als sie sich nun mit den Säcken voll Getreide auf den Heimweg machten, tauchten plötzlich Reiter auf. Sie riefen: „Wer hat den Becher unseres Herrn gestohlen?" Die Reiter durchsuchten die Säcke.

„Hier ist er!", schrie einer von ihnen. Der Becher lag in Benjamins Sack. Die Brüder waren erschrocken. Benjamin wurde gefesselt, und alle kehrten in die Stadt zurück.

„Warum habt ihr das getan? Ich werde den bestrafen, der den Becher gestohlen hat. Er soll hierbleiben!", sagte Josef. Da rief Juda: „Oh nein, nicht Benjamin! Unser Vater wird es nicht überleben, wenn wir ohne ihn zurückkommen. Er ist alt und hat schon seinen Sohn Josef verloren. Ich bleibe hier!"

Da hielt es Josef nicht mehr aus und sagte: „Ich bin es, Josef!" Alle waren vor Schreck ganz starr, nur Benjamin umarmte Josef sofort. „Kennt ihr mich nicht mehr? Ich habe euch längst verziehen! Wäre ich nicht hier, wäret ihr alle vor Hunger gestorben. Ihr habt Böses gegen mich im Sinn gehabt, Gott aber hat alles zum Guten gewendet." Da waren die Brüder erleichtert und umarmten Josef.

nach Genesis 37–50

! Wie kann das Zusammenleben von Josef und seinen Brüdern gelingen?

In den Tiefen des Lebens sind wir begleitet

Du verzeihst mir meine Fehler.

nach Psalm 103,3

Dass du hier unten bei mir bist,
das macht mich stark.

nach Psalm 18,36

Du wachst, damit
mir nicht Angst wird.

nach Psalm 32,7

Du bist mein Licht und mein Heil,
meines Lebens Kraft.

nach Psalm 27,1

Du tröstest mich in Angst.

nach Psalm 4,2

Was bestärkt dich?

20 Feste feiern

Im Laufe des Jahres

Am Geburtstag freuen sich
alle mit dir!

An Karneval verkleiden wir
uns.

Frühling, Sommer, Herbst und Winter
sind vier Jahreszeiten.
Keine weniger und keine mehr.
Vier verschiedene Fröhlichkeiten.

Im Herbst feiern wir
Erntedank.

Im Sommer gehen wir auf
die Kirmes.

👁 Wann und wie feierst du gerne?

Im Jahr der Kirche

Weihnachtsfestkreis

Heilige Drei Könige (Erscheinung des Herrn)

Weihnachten

St. Nikolaus

Advent

Beginn des Kirchenjahres

Osterfestkreis

Aschermittwoch Vorösterliche Bußzeit

Palmsonntag

Gründonnerstag

Karfreitag

Karsamstag

Ostern

Christi Himmelfahrt

Pfingsten

St. Martin

Allerheiligen

Erntedank

Fronleichnam

Dreifaltigkeitssonntag

Sonntage im Jahreskreis

? Erzähle zu den Festen des Kirchenjahres.

Jesus lebt

Jesus feierte mit seinen Jüngern das letzte Abendmahl.

Jesus wurde gefangen genommen und zum Tode verurteilt.
Er starb am Kreuz.

Am Ostermorgen war das Grab Jesu leer. „Jesus lebt", sagte der Engel den Frauen, „Gott hat ihn auferweckt."

Am Pfingsttag wurden die Jünger ganz Feuer und Flamme vom Heiligen Geist.

3 Informiere dich zu den Feiertagen im Osterfestkreis.

Wir feiern Ostern

♡ Erzähle vom Osterfest.

Der Ostergottesdienst

Geheimnis des Glaubens
Deinen Tod, o Herr,
verkünden wir,
und deine Auferstehung
preisen wir,
bis du kommst
in Herrlichkeit.

! Woran erkennst du, dass in der Kirche das Osterfest
gefeiert wird?

Ich bin bei euch, alle Tage,
bis ans Ende dieser Zeit!

nach Matthäus 28,20

 Wie gestaltest du das Osterfest? ⟶

Aber wie?

Lass das sein!

Das darf man nicht!

Das tut ein liebes Kind doch nicht!

So etwas gehört sich nicht!

Benimm dich endlich ordentlich!

Räum dein Zimmer auf!

Mach sofort den Fernseher aus!

Du bist doch nicht allein im Haus!

Halt jetzt den Mund und sei mal still!

Hier macht wohl jeder, was er will!

👁 Machst du immer alles richtig?

Jetzt will ich es wissen

Warum schimpfen Erwachsene oft so?

Wer darf bestimmen, was richtig oder falsch ist?

Darf man alles, wenn man nicht erwischt wird?

Macht es Spaß, andere zu ärgern?

Von wem werden gute Taten belohnt?

Wer weiß denn, was für mich gut ist?

Welche Rechte sollten Kinder haben?

Welche Regeln wären gut?

Warum ist es oft schwer, Regeln einzuhalten?

Muss ich alles tun, was andere mir sagen?

Hat immer der Stärkere recht?

Dürfen Jungen mehr als Mädchen?

Mache ich alles falsch?

? Welche Regeln helfen dir, gemeinsam zu lernen?

Es ist nicht alles gut

Der Augenblick des Fensters

Jemand schüttet Licht
Aus dem Fenster.
Die Rosen der Luft blühen auf.
Und in der Straße
Heben die Kinder
Beim Spiel
Die Augen.
Tauben naschen
Von seiner Süße.
Die Mädchen werden schön
Und die Männer sanft.
Von diesem Licht.
Aber ehe es ihnen die anderen
sagen,
Ist das Fenster von jemandem
Wieder geschlossen worden.

Karl Krolow

♥ Kannst du „Licht" in die Szene bringen?

Gott will Gerechtigkeit

In einer Stadt lebten einst zwei Männer. Der eine war reich, der andere arm. Der Reiche besaß sehr viele Schafe und Rinder, der

Arme aber besaß nichts außer einem einzigen kleinen Lamm. Er zog es auf und es wurde bei ihm zusammen mit seinen Kindern groß. Das Lamm aß vom Brot des armen Mannes und es trank aus dessen Becher. Im Schoß des Armen lag es und war für ihn wie eine Tochter.

Da kam ein Besucher zu dem reichen Mann und er brachte es nicht über sich, eines von seinen Schafen oder Rindern zu nehmen, um es für den Gast zubereiten zu lassen.

Darum nahm er dem Armen das Lamm einfach weg und bereitete es für den Mann zu, der zu ihm gekommen war.

nach 2 Samuel 12

! Wie findest du das Verhalten des reichen Mannes?
  Was denkt der Arme?

Die Goldene Regel

Was ihr von den anderen erwartet,
das tut ebenso auch ihnen.
(Jesus im Neuen Testament)

Was du nicht willst, das man dir tu,
das füg auch keinem anderen zu.
(Deutsches Sprichwort)

Die Dinge, die man hasst,
sollte man keinem anderen zufügen.
(Judentum)

Du bist erst ein wahrer Muslim,
wenn du anderen Menschen wünschst,
was du dir selbst wünschst.
(Islam)

Verletze andere nicht auf eine Weise,
die dich selbst verletzen würde.
(Buddhismus)

Tu dem anderen nicht an,
was dir selbst wehtun würde.
(Hinduismus)

Das wichtigste Gebot Jesu:
Liebe Gott von ganzem Herzen.
Liebe deinen Nächsten wie dich selbst.

 Welche Regel spricht dich am meisten an?

22 Wir vertrauen

Vertrauen erfahren

? Was hilft dir? →

Das Wagnis

„Dann kommen Sie doch zu mir hoch
und setzen sich in die Karre!"

3 Würdest du es wagen, dich in die Karre zu setzen?

Mein Wagnis

 Was hast du dich schon einmal getraut?

Das Gleichnis vom verlorenen Sohn

Ein Mann hatte zwei Söhne. Der jüngere von ihnen sagte: „Vater, gib mir jetzt schon von deinem Vermögen. Gib mir so viel, wie mir nach deinem Tod zusteht. Ich will weg von hier und mein eigenes Leben leben." Da teilte der Vater seinen Besitz auf.
Dann packte der jüngere Sohn alles zusammen und zog in ein fernes Land. Dort lebte er in Saus und Braus und vergnügte sich Tag und Nacht. Er gab sein Geld mit vollen Händen aus.

Als er alles verbraucht hatte, kam eine große Hungersnot über das Land. Es ging ihm sehr schlecht. Da ging er zu einem Reichen des Landes und bettelte ihn um Arbeit und Brot an. Der reiche Mann schickte ihn zum Schweinehüten auf seine Felder.
Der junge Mann war so ausgehungert, dass er gern von dem Schweinefutter gegessen hätte. Doch selbst davon gab ihm niemand etwas ab. Nun wurde ihm sein ganzes Elend bewusst.
Da besann er sich und dachte in seinem Herzen:
„Die vielen Tagelöhner meines Vaters haben mehr als genug zu essen. Und ich sterbe hier vor Hunger. Ich will mich auf den Weg machen und zu meinem Vater zurückgehen. Dann werde ich ihm sagen: ‚Vater, ich habe gesündigt gegen Gott und gegen dich. Ich bin es nicht mehr wert, dein Sohn zu sein. Lass mich für dich als Tagelöhner arbeiten.'"
Dann machte er sich auf den Weg und ging zurück zu seinem Vater.

nach Lukas 15,11–20

! Wie könnte die Erzählung weitergehen?

Das Vaterunser

Vater unser im Himmel,
geheiligt werde dein Name,
dein Reich komme,
dein Wille geschehe,
wie im Himmel so auf Erden.
Unser tägliches Brot gib uns heute.

Und vergib uns unsere Schuld,
wie auch wir vergeben unsern Schuldigern.
Und führe uns nicht in Versuchung,
sondern erlöse uns von dem Bösen.

Denn dein ist das Reich
und die Kraft und die Herrlichkeit.
In Ewigkeit.
Amen.

Was bedeutet es, dass du zu Gott „Vater" sagen kannst?

23 Worauf hoffen?

Traurigkeit

Ach, wenn es doch eine Waage gäbe, auf der man meine Traurigkeit und mein Leid wiegen könnte.

nach Ijob 6,2

 Warum sind Kinder traurig?

Angst

Ich bin im wahrsten Sinne ein Kind der Straße. Schon meine Eltern waren obdachlos. Ich habe sie nie kennengelernt. Großgezogen wurde ich von einer Gruppe von Jugendlichen.

Wir waren ständig auf der Flucht. Viele wurden einfach auf offener Straße erschossen. Ich war elf Jahre alt. Ich wusste nicht, wohin. Mein größter Wunsch war es, einmal in meinem Leben das Meer in Kolumbien zu sehen. Also versteckte ich mich als blinder Passagier in einem Bus. Als wir am Ziel ankamen, fragte ich den Erstbesten nach dem kürzesten Weg zum Strand. Eine Polizeistreife sah mich umherirren und griff mich auf. Sie brachte mich zur staatlichen Kinderfürsorge.

Nach einigen Tagen wurde ich in ein Heim gebracht. Ich war der Kleinste meines Alters und wurde regelmäßig verprügelt. Doch ich kannte nichts anderes: Auf der Straße sind deine Fäuste die einzige Waffe, um dein Leben zu verteidigen.

Inzwischen habe ich eine Menge Freunde gefunden, mit denen ich viel Spaß habe. Jeden Tag warmes Essen, ein festes Dach über dem Kopf: Das ist schon eine feine Sache. Das Beste aber ist: Ich muss nicht mehr täglich Angst um mein Leben haben.

? Worauf hoffen Kinder?

Jesus lädt ein

Und als Jesus im Haus von Levi, dem Zöllner, beim Essen war,
aßen viele Zöllner und Sünder zusammen mit ihm
und seinen Jüngern, denn es folgten ihm schon viele.

nach Markus 2,15

3 Was bedeutet es, dass Jesus mit Sündern und Zöllnern
isst?

Das Brot des Glücks

Es lebte einmal ein alter und weiser König. Er hatte all die Jahre hindurch sein Volk mit Liebe und Weisheit regiert. Nun fühlte er, dass seine Zeit gekommen war, und er dachte voller Sorge an das, was nach seinem Tod mit seinem Volk und seinem Land geschehen sollte. Da rief er seinen Sohn zu sich und sprach zu ihm: „Mein Sohn, meine Tage sind gezählt! Geh in die Welt hinaus und suche das Brot des Glücks, denn nur dann, wenn du deinen Untertanen das Brot des Glücks geben kannst, werden sie satt werden und du wirst ihnen ein guter König sein." So ging der Prinz in die Welt hinaus und suchte das Brot des Glücks. Aber in welche Backstube er auch schaute, in welchem Laden er auch nachfragte, niemand kannte das Brot des Glücks. Der Prinz war verzweifelt. Als er in seiner Angst und Sorge dasaß, kam ein Kind des Weges und schaute ihn an: „Du hast sicher Hunger", sprach es und reichte ihm ein Stück Brot. „Da, nimm, ich habe nicht mehr, aber mit dir will ich gerne teilen." Der Prinz nahm das Brot und sogleich verschwand seine Not. „Das Brot des Glücks!", rief er. „Wo hast du es her?" „Das ist das Brot, das meine Mutter gebacken hat. Du hattest Hunger und so teilte ich mit dir." „Das ist alles?", fragte der Prinz. „Ist das kein besonderes Brot?""Nein, es ist wie jedes andere Brot, aber weil es zwischen dir und mir geteilt wurde, ist es für dich zum Brot des Glücks geworden." Da erkannte der Prinz, wo das Brot des Glücks für alle Zeit zu finden war.

Von da an wusste der Vater, dass der Prinz das Reich mit Liebe und Weisheit regieren würde.

 Was bedeutet Brot für das Kind und den Prinzen?

Jesu Liebe steckt an ...

Sternsinger

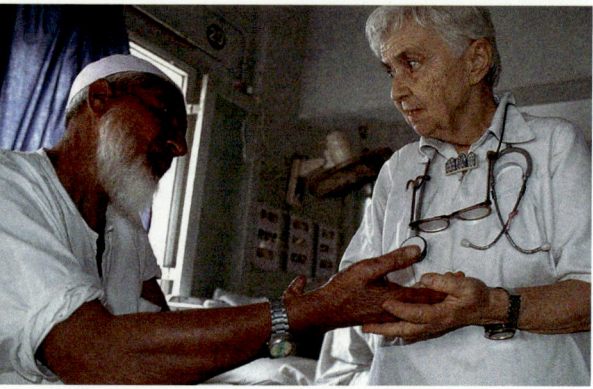
Die deutsche Ärztin Ruth Pfau hilft Kranken in Pakistan.

Geht und verkündet:
Das Himmelreich
ist nahe.
Heilt Kranke,
weckt Tote auf,
macht Aussätzige rein,
treibt Dämonen aus!
Umsonst habt ihr
empfangen,
umsonst sollt ihr geben.

Matthäus 10,7–8

Der Heilige Franz von Assisi

! Wie erzählen Menschen vom Reich Gottes?

... und schenkt uns Hoffnung

Ich bin das Brot
des Lebens.

Johannes 6,48

Ich bin der Weg und die Wahrheit
und das Leben.

Johannes 14,6

Ich bin der Weinstock,
ihr seid die Reben.

Johannes 15,5

Ich bin bei euch alle Tage
bis zum Ende der Welt.

Matthäus 28,20

Ich bin der gute Hirt.

Johannes 10,11

Ich bin der Quell des Lebens.

nach Johannes 4,13 – 14

Ich bin das Tor
zum Leben.

nach Johannes 10,9

Ich bin das Licht der Welt.

Johannes 8,12

 Wähle einen Satz aus. Was bedeutet er für dich?

Am Anfang

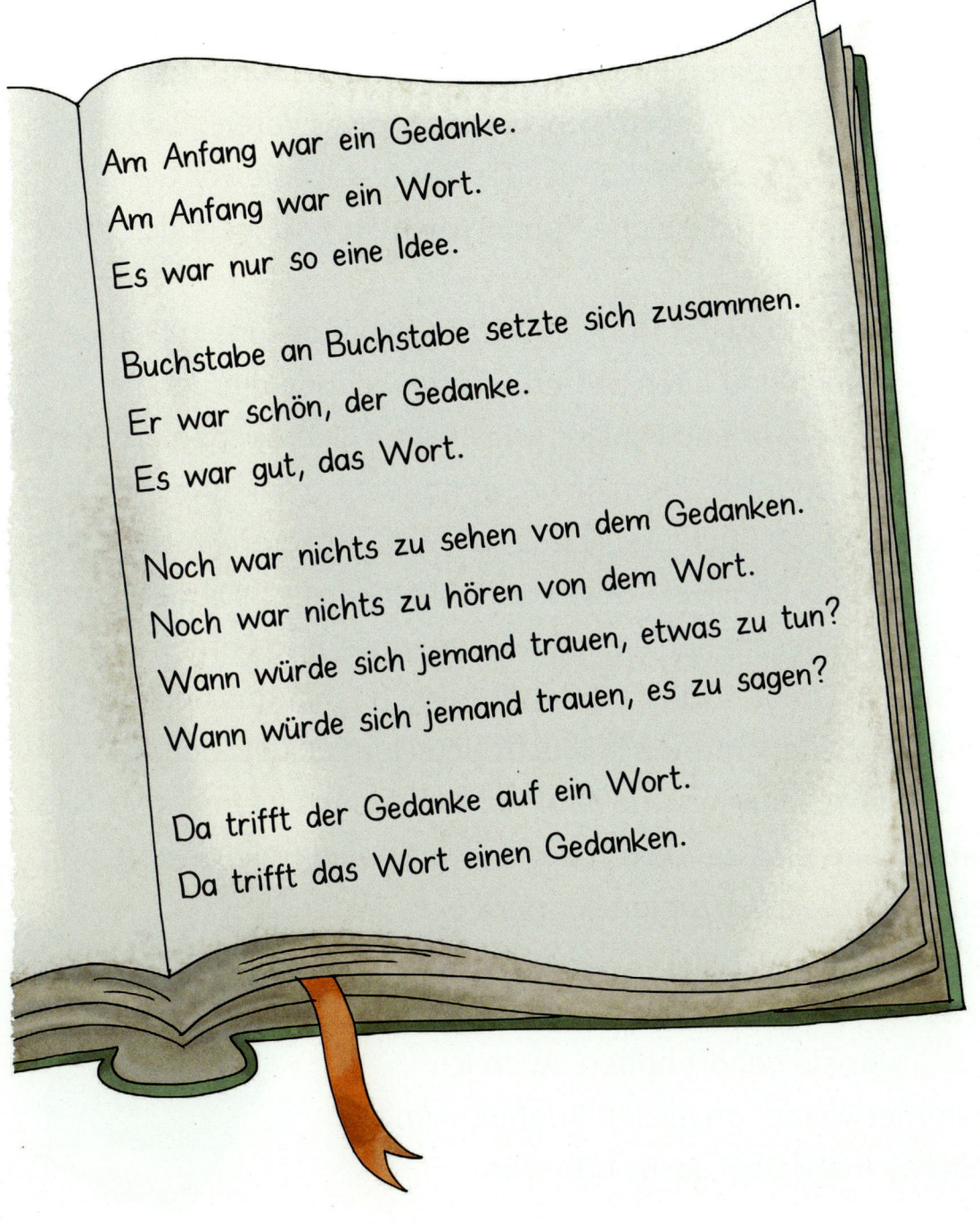

Am Anfang war ein Gedanke.
Am Anfang war ein Wort.
Es war nur so eine Idee.

Buchstabe an Buchstabe setzte sich zusammen.
Er war schön, der Gedanke.
Es war gut, das Wort.

Noch war nichts zu sehen von dem Gedanken.
Noch war nichts zu hören von dem Wort.
Wann würde sich jemand trauen, etwas zu tun?
Wann würde sich jemand trauen, es zu sagen?

Da trifft der Gedanke auf ein Wort.
Da trifft das Wort einen Gedanken.

? Welche Gedanken und Worte fallen dir ein?

Eine gute Nachricht

Zum ersten Mal darf ich dabei sein, wenn Vater einen der Briefe vorliest, die von Jesus erzählen. Am Nachmittag ist ein Bote gekommen. Er hat einen neuen Brief von einem Freund Jesu überbracht. „Pass auf! Sei vorsichtig!", sagt er zu Vater. „Ein Mann namens Saulus jagt alle Anhänger Jesu und stellt sie vor Gericht." Dennoch spricht sich die frohe Kunde von dem Brief heimlich unter den Christen herum.

Am Abend, im Schutz der Dunkelheit, sitzen wir bei uns zu Hause zusammen. Nach und nach treffen unsere Freunde ein. Jetzt verschließt Vater Tür und Fenster. Die kleinen Öllämpchen erhellen den Raum nur spärlich. Dann öffnet er andächtig den Brief und liest vor: „Gnade sei mit euch und Friede von Gott, unserem Vater, und dem Herrn Jesus Christus." Gespannt höre ich, was in Jerusalem in jenen Tagen geschehen ist. Ich erfahre, dass Jesus am Kreuz gestorben ist. „Aber Gott hat ihn auferweckt. Er ist uns begegnet, und er wird wiederkommen in Macht und Herrlichkeit. Haltet in seinem Geist zusammen und gebt nicht auf, auch wenn ihr verfolgt werdet. Es wird eine Zeit kommen, da wir überall frei die frohe Botschaft von Jesus erzählen können.

Die Gnade Jesu, des Herrn, sei mit euch!"
Die Erwachsenen unterhalten sich noch lange über das, was sie gehört haben. Auch ich muss immer wieder an diesen Brief denken. Ich möchte mehr über Jesus erfahren.

 Was können die Kinder über Jesus erzählen?

... verbreitet sich

Die Nachricht verbreitet sich immer weiter
und die Ereignisse werden festgehalten.

Welche Gedanken und Gefühle verbindest
du mit der Bibel?

Die Frohe Botschaft im Gottesdienst

Aus dem heiligen Evangelium nach Matthäus.

Ehre sei dir, oh Herr!

Ihr seid das Licht der Welt.
Eine Stadt, die auf einem Berg liegt,
kann nicht verborgen bleiben.
Man zündet auch nicht ein Licht an und
stülpt ein Gefäß darüber, sondern man
stellt es auf den Leuchter; dann leuchtet
es allen im Haus.
So soll euer Licht vor den Menschen
leuchten,
damit sie eure guten Werke sehen
und euren Vater im Himmel preisen.

Matthäus 5,14–16

Evangelium unseres Herrn Jesus Christus.

Lob sei dir, Christus!

! Erzähle über Gottesdienstfeiern.

Wortgottesdienst

Wir singen ein Lied.

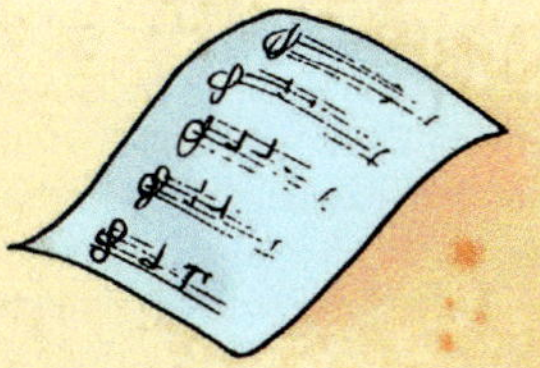

Wir machen das Kreuzzeichen.

Wir sprechen ein Gebet.

Bibel teilen

Wir bringen unsere Bitten vor Gott.

Wir sprechen das Vaterunser.

Wir bekommen den Segen.

 Feiere mit anderen einen Wortgottesdienst.

Textquellenverzeichnis

13 Regine Schindler: Das möcht' ich wissen, aus: dies.: Gott, ich kann mit dir reden. Gebete, die uns begleiten. Für Kinder, Jugendliche und Eltern, Patmos Verlag GmbH 1996; **16** Einheitsübersetzung der Heiligen Schrift © 1980 Katholische Bibelanstalt GmbH, Stuttgart; **22** Einheitsübersetzung der Heiligen Schrift © 1980 Katholische Bibelanstalt GmbH, Stuttgart; **25** Aus: Willi Hofsümmer, Kurzgeschichten 2. 222 Kurzgeschichten für Gottesdienst, Schule und Gruppe © Matthias Grünewald Verlag der Schwabenverlag AG, Ostfildern 2015. www.verlagsgruppe-patmos.de; **26** Einheitsübersetzung der Heiligen Schrift © 1980 Katholische Bibelanstalt GmbH, Stuttgart; **39** Einheitsübersetzung der Heiligen Schrift © 1980 Katholische Bibelanstalt GmbH, Stuttgart; **41** Einheitsübersetzung der Heiligen Schrift © 1980 Katholische Bibelanstalt GmbH, Stuttgart; **46** Einheitsübersetzung der Heiligen Schrift © 1980 Katholische Bibelanstalt GmbH, Stuttgart; **48** Fredrik Hetmann: Geräusch der Grille - Geräusch des Geldes, aus: Hans-Joachim Gelberg, Geh und spiel mit dem Riesen, Weinheim/Basel: Beltz & Gelberg 1971; **50** Einheitsübersetzung der Heiligen Schrift © 1980 Katholische Bibelanstalt GmbH, Stuttgart; **52** Einheitsübersetzung der Heiligen Schrift © 1980 Katholische Bibelanstalt GmbH, Stuttgart; **62** Martin Auer: Über die Erde. Unter: http://www.martinauer.net/ueberdieerde/ (Zugriff 23.10.2017); **63** Giaconda Belli: Die Werkstatt der Schmetterlinge, übers. v. Anneliese Schwarzer, Hammer Verlag 2000; **64** Einheitsübersetzung der Heiligen Schrift © 1980 Katholische Bibelanstalt GmbH, Stuttgart; **69** Einheitsübersetzung der Heiligen Schrift © 1980 Katholische Bibelanstalt GmbH, Stuttgart; **81** Klaus Kordon: Ich möchte einfach alles sein, aus: Uwe-Michael Gutzschhahn: Ich möchte einfach alles sein. Geschichten, Gedichte und Bilder aus der Kindheit, Carl Hanser Verlag 1998; **83** Einheitsübersetzung der Heiligen Schrift © 1980 Katholische Bibelanstalt GmbH, Stuttgart; **87** Einheitsübersetzung der Heiligen Schrift © 1980 Katholische Bibelanstalt GmbH, Stuttgart; **89** Karlhans Frank, Du und ich, aus: ders.: Vom Dach die Schornsteinfeger grüßen mit Taucherflossen an den Füßen © 1987 Egmont Franz Schneider Verlag, München; **91** Adveniat-Aktion 2016. Bedrohte Schöpfung - bedrohte Völker. Unter: https://www.domradio.de/radio/sendungen/weltweit/adveniat-aktion-2016 (Zugriff 19.10.2017, Auszug); **99** Einheitsübersetzung der Heiligen Schrift © 1980 Katholische Bibelanstalt GmbH, Stuttgart; **119** Einheitsübersetzung der Heiligen Schrift © 1980 Katholische Bibelanstalt GmbH, Stuttgart; **120** Zitat aus: Leo Lionni, Frederick, dt. Übersetzung von Günter Bruno Fuchs, © 2017 Beltz Verlag, Weinheim Basel; **129** Karl Krolow: Der Augenblick des Fensters, aus: ders.: Gesammelte Gedichte. Vier Bände © Suhrkamp Verlag Frankfurt a. M. 1997; **130** Einheitsübersetzung der Heiligen Schrift © 1980 Katholische Bibelanstalt GmbH, Stuttgart; **136** Einheitsübersetzung der Heiligen Schrift © 1980 Katholische Bibelanstalt GmbH, Stuttgart; **139** Straßenkinder weltweit. Eine Arbeitsmappe für den Unterricht. Hrsg. v. Stefanie Hoppe. Adveniat, Bischöfliche Aktion zugunsten der Seelsorge in Lateinamerika 2007; **141** Aus: Stefanie Spendel, Das Brot des Glücks, in: Religion in der Grundschule, Klasse 3, Arbeitshilfen, fragen - suchen - entdecken, hrsg. v. Barbara Ort u. Ludwig Rendle, München 2004; **142** Einheitsübersetzung der Heiligen Schrift © 1980 Katholische Bibelanstalt GmbH, Stuttgart; **143** Einheitsübersetzung der Heiligen Schrift © 1980 Katholische Bibelanstalt GmbH, Stuttgart

Die Bibelstellen wurden nach der **Einheitsübersetzung 1984** wiedergegeben. © Verlag Katholisches Bibelwerk GmbH

Liedquellenverzeichnis

11 Halte zu mir, guter Gott, T: Rolf Krenzer © Dagmar Krenzer-Domina (RN Rolf Krenzer), M: Ludger Edelkötter, © KiMu Kinder Musik Verlag GmbH, Darmstadt; **17** Bist du ein Haus, T: Reinhard Bäcker, M: Detlev Jöcker, © Menschenkinder Verlag, Münster; **23** Ich bin so gern' bei dir, T: Rolf Krenzer © Dagmar Krenzer-Domina (RN Rolf Krenzer), M: Ludger Edelkötter, © KiMu Kinder Musik Verlag GmbH, Darmstadt; **29** Viele kleine Lichter, T u. M: Wolfgang Gies, © Wolfgang Gies; **35** Ein Kranz aus grünen Zweigen, T u. M: Markus Ehrhardt © Markus Ehrhardt; **41** Das wünsch ich sehr, T: Kurt Rose, M: Detlev Jöcker, © Menschenkinder Verlag, Münster; **51** Herr, gib uns Mut zum Hören, T u. M: Kurt Rommel, © Strube Verlag GmbH, München; **53** Gottes guter Segen sei mit euch, T: Rolf Krenzer, M: Siegfried Fietz, © ABAKUS Musik Barbara Fietz, Greifenstein; **65** Du hast uns deine Welt geschenkt T: Rolf Krenzer, M: Detlev Jöcker, © Menschenkinder Verlag, Münster; **71** Kleines Senfkorn Hoffnung, T: Alois Albrecht, M: Ludger Edelkötter, © KiMu Kinder Musik Verlag GmbH, Darmstadt; **77** Gott baut ein Haus, das lebt, T u. M: Waltraut Osterlad © Waltraud Osterlad; **80** Einmalig ist jedes Kind, T: Susanne Brandt, M: Reinhard Horn, © Kontakte Musikverlag Ute Horn, Lippstadt; **101** Effata, öffne dich, spricht dich Jesus an, T u. M: Franz Kett, © Religionspädagogische Arbeitshilfen GmbH, Landshut; **102** Wie eine Kerze leuchtet, T u. M: Franz Kett, © Religionspädagogische Arbeitshilfen GmbH, Landshut

Bildquellenverzeichnis

Umschlag Thinkstock (Bec Parsons), München; **10.1** Sieger Köder, In Gottes Händen © Sieger Köder-Stiftung Kunst und Bibel, Ellwangen; **14.1** iStockphoto (Thomas Shanahan), Calgary, Alberta; **14.2** ShutterStock.com RF (Potapov Alexander), New York, NY; **14.3** iStockphoto (Samarskaya), Calgary, Alberta; **14.4** Fotolia.com (monopictures), New York; **14.5** Adobe Stock (by-studio), Dublin; **14.6** iStockphoto (cirminalatt), Calgary, Alberta; **15.1** Fotolia.com (verdateo), New York; **15.2** iStockphoto (hans_chr), Calgary, Alberta; **15.3** Getty Images (E+), München; **15.4** ShutterStock.com RF (Lisandro Luis Trabach), New York, NY; **15.5** ShutterStock.com RF (chaoss), New York, NY; **16.1** Sieger Köder, Der gute Hirte (c) Sieger Köder-Stiftung Kunst und Bibel, Ellwangen; **21.1** www.1stdibs.com, New York (c) Succession Picasso / VG Bild-Kunst, Bonn 2017; **34.1** Werner Laubi: Kinderbibel mit Illustrationen von Annegert Fuchshuber (c) Verlag Ernst Kaufmann, Lahr ISBN 978-3-780624093; **40.1** Werner Laubi: Kinderbibel mit Illustrationen von Annegert Fuchshuber (c) Verlag Ernst Kaufmann, Lahr ISBN 978-3-780624093; **43.1** Adobe Stock (rustneversleeps), Dublin; **43.2** iStockphoto (ZU_09), Calgary, Alberta; **43.3** Adobe Stock (vadiml), Dublin; **43.4** (c) KNA-Bild (Harald Oppitz), Bonn; **45.1** Cover/ Illustration von Winnie Gebhardt aus: Otfried Preußler „Die kleine Hexe" (c) 1957 Thienemann in der Thienemann-Esslinger Verlag GmbH, Stuttgart; **45.2** Eric Carle: Die kleine Raupe Nimmersatt. Copyright (c) 1969 Eric Carle. Aus dem Englischen von Viktor

Christen. Deutsche Ausgabe Copyright (c) Gerstenberg Verlag, Hildesheim; **45.3** Martin Klein, Silke Voigt: Piratengeschichte, Umschlaggestaltung Silke Voigt, Umschlagkonzeption Sabine Reddig (c) 2005 by Ravensburger Buchverlag Otto Maier GmbH, Ravensburg. ISBN: 978-3-473-36080-2; **45.4** Adobe Stock (S.Kobold), Dublin; **45.5** Adobe Stock (photophonie), Dublin; **47.1** (c) KNA-Bild, Bonn; **47.2** Fotolia.com (LVDESIGN), New York; **47.3** dreamstime.com (Diegobuonanno), Brentwood, TN; **47.4** dreamstime.com (Luna4), Brentwood, TN; **49.1** Toni Zenz, Der Hörende, Pax-Christi-Kirche Essen (Foto: Martin Dautzenberg); **51.1** iStockphoto (vitapix), Calgary, Alberta; **54.1** Mauritius Images (SuperStock / Fine Art Images (c) Museum of Modern Art), Mittenwald; **55.1** iStockphoto (StephM2506), Calgary, Alberta; **58.1** Fotolia.com (Distinctive Images), New York; **58.2** iStockphoto (jcarillet), Calgary, Alberta; **59.1** iStockphoto (mediaphotos), Calgary, Alberta; **59.2** Getty Images Plus (FatCamera), München; **59.3** iStockphoto (attl), Calgary, Alberta; **60.1** ShutterStock.com RF (ocphoto), New York, NY; **60.2** ShutterStock.com RF (wassiliy-architect), New York, NY; **60.3** ShutterStock.com RF (Aleksey Stemmer), New York, NY; **60.4** iStockphoto (503779778), Calgary, Alberta; **60.5** ShutterStock.com RF (MNStudio), New York, NY; **60.6** Adobe Stock (dvoevnore), Dublin; **61.1** Thinkstock (MeePoohyaphoto), München; **61.2** iStockphoto (ionut_adrian), Calgary, Alberta; **61.3** iStockphoto (Astrid860), Calgary, Alberta; **61.4** ShutterStock.com RF (PRILL), New York, NY; **61.5** dreamstime.com (Staphy), Brentwood, TN; **61.6** ShutterStock.com RF (Sharon Day), New York, NY; **61.7** iStockphoto (1970s), Calgary, Alberta; **61.8** ShutterStock.com RF (AppStock), New York, NY; **61.9** Fotolia.com (Brian Jackson), New York; **63.1** Fotolia.com (Stéphane Bidouze), New York; **63.2** iStockphoto (Smithore), Calgary, Alberta; **63.3** iStockphoto (Avalon_Studio), Calgary, Alberta; **64.1** Adobe Stock (Cobalt), Dublin; **64.2** Adobe Stock (Oleksandrum), Dublin; **64.3** Adobe Stock (adrian_am13), Dublin; **64.4** ShutterStock.com RF (Pauline Breijer), New York, NY; **64.5** ShutterStock.com RF (Abscent), New York, NY; **64.6** Adobe Stock (Eric Isselée), Dublin; **64.7** Adobe Stock (jmorelphoto), Dublin; **64.8** Adobe Stock (Andrea Izzotti), Dublin; **73.1** Wolfgang Gies, Lüdenscheid; **73.2** Wolfgang Gies, Lüdenscheid; **73.3** 123rf Germany, c/o Inmagine GmbH (federicofoto), Nidderau; **73.4** 123rf Germany, c/o Inmagine GmbH (federicofoto), Nidderau; **73.5** iStockphoto (A330Pilot), Calgary, Alberta; **73.6** iStockphoto (MagMos), Calgary, Alberta; **73.7** Wolfgang Gies, Lüdenscheid; **74.1** Imago (MIS), Berlin; **74.2** Markus Geisbauer, Lüdenscheid; **74.3** Imago (epd), Berlin; **74.4** (c) KNA-Bild (Maria Irl), Bonn; **75.1** Markus Geisbauer, Lüdenscheid; **75.2** Markus Geisbauer, Lüdenscheid; **75.3** (c) KNA-Bild, Bonn; **75.4** Adobe Stock (highwaystarz), Dublin; **76** Martin Gies (Martin Gies), Münster; **78.1** Fotolia.com (Simone Werner-Ney), New York; **78.2** Fotolia.com (shapovalphoto1), New York; **78.3** Fotolia.com (caftor), New York; **78.4** Fotolia.com (Olesia Bilkei), New York; **79.1** iStockphoto, Calgary, Alberta; **79.2** iStockphoto, Calgary, Alberta; **79.3** Fotolia.com (rupbilder), New York; **79.4** iStockphoto (damircudic), Calgary, Alberta; **83.1** bpk / Sprengel Museum Hannover, Schenkung Sammlung Sprengel (1969) / Michael Herling/Aline Gwose (c) VG Bild-Kunst, Bonn 2018 [Marc Chagall: David mit der Harfe]; **90.1** ShutterStock.com RF (Triff), New York, NY; **91.1** Adobe Stock (Syda Productions), Dublin; **91.2** ShutterStock.com RF (keantian), New York, NY; **91.3** Adobe Stock (byrdyak), Dublin; **91.4** Picture-Alliance (M. Delpho), Frankfurt; **91.5** ShutterStock.com RF (Anna Om), New York, NY; **91.6** Fotolia.com (sonjanovak), New York; **92.1** Dieter Fuchshuber, Augsburg; **96.1** iStockphoto (Liudmila_Fadzeyeva), Calgary, Alberta; **97.1** iStockphoto (Yalana), Calgary, Alberta; **97.2** iStockphoto (AlexRaths), Calgary, Alberta; **97.3** iStockphoto (Gilitukha), Calgary, Alberta; **97.4** iStockphoto (hadynyah), Calgary, Alberta; **100.1** (c) KNA-Bild, Bonn; **100.2** (c) KNA-Bild, Bonn; **100.3** (c) KNA-Bild, Bonn; **100.4** (c) KNA-Bild, Bonn; **101.1** ShutterStock.com RF (HQuality), New York, NY; **102.1** ShutterStock.com RF (Kiseleva Olga), New York, NY; **108.1** © 2000 Deutsche Bibelgesellschaft, Stuttgart; **108.2** © 2000 Deutsche Bibelgesellschaft, Stuttgart; **108.3** Verlag Katholisches Bibelwerk, Stuttgart; **108.4** © 2000 Deutsche Bibelgesellschaft, Stuttgart; **108.5** BPK (Bayerische Staatsbibliothek), Berlin; **108.6** Die große Herder Kinderbibel von Anselm Grün OSB (Autor), Giuliano Ferri (Illustrator) (c) Verlag Herder, Freiburg, 2016, ISBN 978-3-451-71250-0; **108.7** Herders Kinderbibel von Ursel Scheffler (Autor), Betina Gotzen-Beek (Illustrator) (c) Verlag Herder, Freiburg, 2016, ISBN 978-3-451-71178-7; **108.8** Neukirchener Erzählbibel, Autor: Irmgard Weth (c) Neukirchener Verlagsgesellschaft mbH, Neukirchen-Vluyn, ISBN 978-3-9205-2451-1; **108.9** © 2000 Deutsche Bibelgesellschaft, Stuttgart; **110.1** Gollenstein Verlag, Merzig (c) Regina Mortazawi, Bruchsal [Ernst Alt: Toraliebe]; **111.1** Sieger Köder, Und das Wort ist Fleisch geworden © Sieger Köder-Stiftung Kunst und Bibel, Ellwangen; **120.1** iStockphoto (mediaphotos), Calgary, Alberta; **120.2** Adobe Stock (Robert Kneschke), Dublin; **120.3** Adobe Stock (ChristArt), Dublin; **120.4** iStockphoto (swilmor), Calgary, Alberta; **122.1** ShutterStock.com RF (Renata Sedmakova), New York, NY; **122.2** ShutterStock.com RF (Renata Sedmakova), New York, NY; **122.3** akg-images (Rabatti & Domingie), Berlin; **122.4** iStockphoto (sedmak), Calgary, Alberta; **123.1** ShutterStock.com RF (Andriy BONDAREV), New York, NY; **123.2** Adobe Stock (biggi62), Dublin; **123.3** Fotolia.com (Stefan Gräf), New York; **123.4** iStockphoto (Photocech), Calgary, Alberta; **123.5** iStockphoto (ArtMarie), Calgary, Alberta; **123.6** Fotolia.com (Michael), New York; **123.7** iStockphoto (MagMos), Calgary, Alberta; **128.1** © Annette Betz in der Ueberreuter Verlag GmbH, Berlin 2002; **130** VG Bild-Kunst; Galerie Habdank, Bonn; Berg am Starnberger See; **132.1** iStockphoto (kupicoo), Calgary, Alberta; **132.2** iStockphoto (Stefan_S), Calgary, Alberta; **132.3** ShutterStock.com RF (Jacob Lund), New York, NY; **132.4** Fotolia.com (5second), New York; **132.5** iStockphoto (noblige), Calgary, Alberta; **133.1** iStockphoto (FatCamera), Calgary, Alberta; **133.2** ShutterStock.com RF (Zhukova Valentyna), New York, NY; **133.3** ShutterStock.com RF (Africa Studio), New York, NY; **133.4** ShutterStock.com RF (gornostay), New York, NY; **134** Julia Flasche, Berlin; **138** Mauritius Images (Volume1 / Carsten Rademacher), Mittenwald; **139** Picture-Alliance (ZUMA Press), Frankfurt; **140.1** „Das Mahl" aus dem Misereor-Hungertuch „Hoffnung den Ausgegrenzten" von Sieger Köder © MVG Medienproduktion, 1996; **142.1** Picture-Alliance (dpa / Carsten Rehder), Frankfurt; **142.2** Picture-Alliance (dpa / DAHW), Frankfurt; **142.3** Fotolia.com (Renáta Sedmáková), New York; **144.1** Quint Buchholz, Buchbilderbuch © 1997 Carl Hanser Verlag München; **148.1** Wolfgang Gies, Lüdenscheid; **148.2** Wolfgang Gies, Lüdenscheid

Zugelassen als Lehrbuch für den katholischen Religionsunterricht an Grundschulen in Berlin, Brandenburg, Hessen, Mecklenburg-Vorpommern, Nordrhein-Westfalen, Sachsen, Sachsen-Anhalt, Schleswig-Holstein und Thüringen durch die Diözesanbischöfe von Aachen, Berlin, Dresden-Meißen, Erfurt, Essen, Fulda, Görlitz, Hamburg, Köln, Limburg, Magdeburg, Mainz, Münster und Paderborn.

1. Auflage   1 5 4 3 2 1 | 23 22 21 20 19

Autoren: Judith Bulla, Dortmund; Wolfgang Gies, Lüdenscheid; Peter Ueter, Hagen
Mit Beiträgen von: Friedrich Fischer, Hasbergen; Monika Oesterwind, Mülheim a. d. Ruhr

Redaktion: Julia Scherer
Herstellung: Karen Raab

Gestaltung: weissbunt, design und kontext, Berlin
Illustrationen: Isabelle Metzen, Bochum
Reproduktion: Schwabenrepro, Stuttgart
Satz: Arnold & Domnick, Leipzig
Druck: PASSAVIA Druckservice GmbH & Co. KG, Passau

Printed in Germany
ISBN 978-3-12-006034-5